Sigmund Freud

Die Frage der Laienanalyse

Verlag
der
Wissenschaften

Sigmund Freud

Die Frage der Laienanalyse

ISBN/EAN: 9783957002211

Auflage: 1

Erscheinungsjahr: 2014

Erscheinungsort: Norderstedt, Deutschland

Hergestellt in Europa, USA, Kanada, Australien, Japan
Verlag der Wissenschaften in Hansebooks GmbH, Norderstedt

Cover: Foto ©Joujou / pixelio.de

SIGM. FREUD
DIE FRAGE DER LAIENANALYSE

DIE FRAGE DER
LAIENANALYSE

UNTERREDUNGEN MIT EINEM
UNPARTEIISCHEN

VON

SIGM. FREUD

1926

Internationaler Psychoanalytischer Verlag

Leipzig / Wien / Zürich

EINLEITUNG

Der Titel dieser kleinen Schrift ist nicht ohne weiteres verständlich. Ich werde ihn also erläutern: Laien = Nichtärzte und die Frage ist, ob es auch Nichtärzten erlaubt sein soll, die Analyse auszuüben. Diese Frage hat ihre zeitliche wie ihre örtliche Bedingtheit. Zeitlich insoferne, als sich bisher niemand darum gekümmert hat, wer die Psychoanalyse ausübt. Ja, man hat sich viel zu wenig darum gekümmert, man war nur einig in dem Wunsch, daß niemand sie üben sollte, mit verschiedenen Begründungen, denen die gleiche Abneigung zugrunde lag. Die Forderung, daß nur Ärzte analysieren sollen, entspricht also einer neuen und anscheinend freundlicheren Einstellung zur Analyse — d. h. wenn sie dem Verdacht entgehen kann, doch nur ein etwas modifizierter Abkömmling der früheren Einstellung zu sein. Es wird zugegeben, daß eine analytische Behandlung unter Umständen vorzunehmen ist, aber wenn, dann sollen nur Ärzte sie vornehmen dürfen. Das Warum dieser Einschränkung wird dann zu untersuchen sein.

Örtlich bedingt ist diese Frage, weil sie nicht für alle Länder mit gleicher Tragweite in Betracht kommt. In Deutschland und Amerika bedeutet sie eine akademische Diskussion, denn in diesen Ländern kann sich jeder Kranke behandeln lassen, wie und von wem er will, kann jeder, der will, als „Kurpfuscher" beliebige Kranke behandeln, wenn er nur die Verantwortlichkeit für sein Tun übernimmt. Das Gesetz mengt sich nicht früher ein, als bis man es zur Sühne einer Schädigung des Kranken angerufen hat. In Österreich aber, in dem und für das ich schreibe, ist das Gesetz praeventiv, es verbietet dem Nichtarzt, Behandlungen an Kranken zu unternehmen, ohne deren Ausgang abzuwarten.* Hier hat also die Frage, ob Laien = Nichtärzte Kranke mit Psychoanalyse behandeln dürfen, einen praktischen Sinn. Sie scheint aber auch, sobald sie aufgeworfen wird, durch den Wortlaut des Gesetzes entschieden zu sein. Nervöse sind Kranke, Laien sind Nichtärzte, die Psychoanalyse ist ein Verfahren zur Heilung oder Besserung der nervösen Leiden, alle solche Behandlungen sind den Ärzten vorbehalten; folglich ist es nicht gestattet, daß Laien die Analyse an Nervösen üben, und strafbar, wenn es doch geschieht. Bei so einfacher Sachlage wagt man es kaum, sich mit der Frage der Laienanalyse zu beschäftigen. Indes liegen

---

*) Das Gleiche in Frankreich.

einige Komplikationen vor, um die sich das Gesetz
nicht kümmert, die aber darum doch Berücksichtigung
verlangen. Es wird sich vielleicht ergeben, daß die
Kranken in diesem Falle nicht sind wie andere
Kranke, die Laien nicht eigentlich Laien und die
Ärzte nicht gerade das, was man von Ärzten erwarten darf und worauf sie ihre Ansprüche gründen
dürfen. Läßt sich das erweisen, so wird es eine
berechtigte Forderung, das Gesetz nicht ohne Modi-
fikation auf den vorliegenden Fall anzuwenden.

I

Ob dies geschehen wird, wird von Personen ab-
hängen, die nicht dazu verpflichtet sind, die Besonder-
heiten einer analytischen Behandlung zu kennen. Es
ist unsere Aufgabe, diese Unparteiischen, die wir als
derzeit noch unwissend annehmen wollen, darüber zu
unterrichten. Wir bedauern, daß wir sie nicht zu
Zuhörern einer solchen Behandlung machen können. Die „analytische Situation" verträgt keinen
Dritten. Auch sind die einzelnen Behandlungsstun-
den sehr ungleichwertig, ein solch – unbefugter –
Zuhörer, der in eine beliebige Sitzung geriete, würde
zumeist keinen verwertbaren Eindruck gewinnen,
er käme in Gefahr, nicht zu verstehen, was zwischen
dem Analytiker und dem Patienten verhandelt wird,
oder er würde sich langweilen. Er muß sich also wohl
oder übel mit unserer Information begnügen, die
wir möglichst vertrauenswürdig abfassen wollen.

Der Kranke möge also an Stimmungsschwankungen
leiden, die er nicht beherrscht, oder an kleinmütiger
Verzagtheit, durch die er seine Energie gelähmt fühlt,

da er sich nichts Rechtes zutraut, oder an ängstlicher
Befangenheit unter Fremden. Er mag ohne Verständnis wahrnehmen, daß ihm die Erledigung seiner
Berufsarbeit Schwierigkeiten macht, aber auch jeder
ernstere Entschluß und jede Unternehmung. Er hat
eines Tages – unbekannt, woher – einen peinlichen
Anfall von Angstgefühlen erlitten und kann seither
nicht ohne Überwindung allein über die Straße
gehen oder Eisenbahn fahren, hat beides vielleicht
überhaupt aufgeben müssen. Oder, was sehr merkwürdig ist, seine Gedanken gehen ihre eigenen
Wege und lassen sich nicht von seinem Willen lenken.
Sie verfolgen Probleme, die ihm sehr gleichgiltig
sind, von denen er sich aber nicht losreißen kann.
Es sind ihm auch höchst lächerliche Aufgaben auferlegt,
wie die Anzahl der Fenster an den Häuserfronten
zusammenzuzählen, und bei einfachen Verrichtungen,
wie Briefe in ein Postfach werfen, oder eine Gas-
flamme abdrehen, gerät er einen Moment später in
Zweifel, ob er es auch wirklich getan hat. Das ist
vielleicht nur ärgerlich und lästig, aber der Zustand
wird unerträglich, wenn er sich plötzlich der Idee nicht
erwehren kann, daß er ein Kind unter die Räder
eines Wagens gestoßen, einen Unbekannten von der
Brücke ins Wasser geworfen hat, oder wenn er sich
fragen muß, ob er nicht der Mörder ist, den die Polizei
als den Urheber eines heute entdeckten Verbrechens
sucht. Es ist ja offenbarer Unsinn, er weiß es selbst,

er hat nie einem Menschen etwas Böses getan, aber
wenn er wirklich der gesuchte Mörder wäre, könnte
die Empfindung – das Schuldgefühl – nicht stärker sein.

Oder aber, unser Patient – sei es diesmal eine
Patientin – leidet in anderer Weise und auf anderem
Gebiet. Sie ist Klavierspielerin, aber ihre Finger
verkrampfen sich und versagen den Dienst. Wenn
sie daran denkt, in eine Gesellschaft zu gehen, stellt
sich sofort ein natürliches Bedürfnis bei ihr ein, dessen
Befriedigung mit der Geselligkeit unverträglich wäre.
Sie hat also darauf verzichtet, Gesellschaften, Bälle,
Theater, Konzerte zu besuchen. Wenn sie es am
wenigsten brauchen kann, wird sie von heftigen
Kopfschmerzen oder anderen Schmerzsensationen
befallen. Eventuell muß sie jede Mahlzeit durch
Erbrechen von sich geben, was auf die Dauer
bedrohlich werden kann. Endlich ist es beklagens-
wert, daß sie keine Aufregungen verträgt, die sich
im Leben doch nicht vermeiden lassen. Sie verfällt
bei solchen Anlässen in Ohnmachten, oft mit
Muskelkrämpfen, die an unheimliche Krankheitszu-
stände erinnern.

Noch andere Kranke fühlen sich gestört in einem
besonderen Gebiet, auf dem das Gefühlsleben mit
Ansprüchen an den Körper zusammentrifft. Als
Männer finden sie sich unfähig, den zärtlichsten
Regungen gegen das andere Geschlecht körperlichen

Ausdruck zu geben, während ihnen vielleicht gegen wenig geliebte Objekte alle Reaktionen zu Gebote stehen. Oder ihre Sinnlichkeit bindet sie an Personen, die sie verachten, von denen sie frei werden möchten. Oder sie stellt ihnen Bedingungen, deren Erfüllung ihnen selbst widerlich ist. Als Frauen fühlen sie sich durch Angst und Ekel oder durch unbekannte Hemmnisse verhindert, den Anforderungen des Geschlechtslebens nachzukommen, oder wenn sie der Liebe nachgegeben haben, finden sie sich um den Genuß betrogen, den die Natur als Prämie auf solche Gefügigkeit gesetzt hat.

Alle diese Personen erkennen sich als krank und suchen Ärzte auf, von denen man ja die Beseitigung solcher nervösen Störungen erwartet. Die Ärzte führen auch die Kategorien, unter denen man diese Leiden unterbringt. Sie diagnostizieren sie je nach ihren Standpunkten mit verschiedenen Namen: Neurasthenie, Psychasthenie, Phobien, Zwangsneurose, Hysterie. Sie untersuchen die Organe, welche die Symptome geben: das Herz, den Magen, den Darm, die Genitalien und finden sie gesund. Sie raten zu Unterbrechungen der gewohnten Lebensweise, Erholungen, kräftigenden Prozeduren, tonisierenden Medikamenten, erzielen dadurch vorübergehende Erleichterungen – oder auch nichts. Endlich hören die Kranken, daß es Personen gibt, die sich ganz speziell mit der Behandlung solcher

Leiden beschäftigen und treten in die Analyse bei
ihnen ein.

Unser Unparteiischer, den ich als gegenwärtig
vorstelle, hat während der Auseinandersetzung über
die Krankheitserscheinungen der Nervösen Zeichen
von Ungeduld von sich gegeben. Nun wird er auf-
merksam, gespannt, und äußert sich auch so : „Jetzt
werden wir also erfahren, was der Analytiker mit
dem Patienten vornimmt, dem der Arzt nicht helfen
konnte."

Es geht nichts anderes zwischen ihnen vor, als
daß sie miteinander reden. Der Analytiker verwendet
weder Instrumente, nicht einmal zur Untersuchung,
noch verschreibt er Medikamente. Wenn es irgend
möglich ist, läßt er den Kranken sogar in seiner Um-
gebung und in seinen Verhältnissen, während er ihn
behandelt. Das ist natürlich keine Bedingung, kann
auch nicht immer so durchgeführt werden. Der Analytiker bestellt den Patienten zu einer bestimmten
Stunde des Tages, läßt ihn reden, hört ihn an, spricht
dann zu ihm und läßt ihn zuhören.

Die Miene unseres Unparteiischen zeugt nun von
unverkennbarer Erleichterung und Entspannung, ver-
rät aber auch deutlich eine gewisse Geringschätzung.
Es ist, als ob er denken würde : Weiter nichts als
das? Worte, Worte und wiederum Worte, wie
Prinz Hamlet sagt. Es geht ihm gewiß auch die Spott-
rede Mephistos durch den Sinn, wie bequem sich mit

Worten wirtschaften läßt, Verse, die kein Deutscher je vergessen wird.

Er sagt auch: „Das ist also eine Art von Zauberei, Sie reden und blasen so seine Leiden weg."

Ganz richtig, es wäre Zauberei, wenn es rascher wirken würde. Zum Zauber gehört unbedingt die Schnelligkeit, man möchte sagen: Plötzlichkeit des Erfolges. Aber die analytischen Behandlungen brauchen Monate und selbst Jahre; ein so langsamer Zauber verliert den Charakter des Wunderbaren. Wir wollen übrigens das W o r t nicht verachten. Es ist doch ein mächtiges Instrument, es ist das Mittel, durch das wir einander unsere Gefühle kundgeben, der Weg, auf den anderen Einfluß zu nehmen. Worte können unsagbar wohltun und fürchterliche Verletzungen zufügen. Gewiß, zu allem Anfang war die Tat, das Wort kam später, es war unter manchen Verhältnissen ein kultureller Fortschritt, wenn sich die Tat zum Wort ermäßigte. Aber das Wort war doch ursprünglich ein Zauber, ein magischer Akt, und es hat noch viel von seiner alten Kraft bewahrt.

Der Unparteiische setzt fort: „Nehmen wir an, daß der Patient nicht besser auf das Verständnis der analytischen Behandlung vorbereitet ist als ich, wie wollen Sie ihn an den Zauber des Wortes oder der Rede glauben machen, der ihn von seinen Leiden befreien soll?"

Man muß ihm natürlich eine Vorbereitung geben,

und es findet sich ein einfacher Weg dazu. Man fordert ihn auf, mit seinem Analytiker ganz aufrichtig zu sein, nichts mit Absicht zurückzuhalten, was ihm in den Sinn kommt, in weiterer Folge sich über alle Abhaltungen hinwegzusetzen, die manche Gedanken oder Erinnerungen von der Mitteilung ausschließen möchten. Jeder Mensch weiß, daß es bei ihm solche Dinge gibt, die er anderen nur sehr ungern mitteilen würde, oder deren Mitteilung er überhaupt für ausgeschlossen hält. Es sind seine „Intimitäten". Er ahnt auch, was einen großen Fortschritt in der psychologischen Selbsterkenntnis bedeutet, daß es andere Dinge gibt, die man sich selbst nicht eingestehen möchte, die man gerne vor sich selbst verbirgt, die man darum kurz abbricht und aus seinem Denken verjagt, wenn sie doch auftauchen. Vielleicht bemerkt er selbst den Ansatz eines sehr merkwürdigen psychologischen Problems in der Situation, daß ein eigener Gedanke vor dem eigenen Selbst geheim gehalten werden soll. Das ist ja, als ob sein Selbst nicht mehr die Einheit wäre, für die er es immer hält, als ob es noch etwas anderes in ihm gäbe, was sich diesem Selbst entgegenstellen kann. Etwas wie ein Gegensatz zwischen dem Selbst und einem Seelenleben im weiteren Sinne mag sich ihm dunkel anzeigen. Wenn er nun die Forderung der Analyse, alles zu sagen, annimmt, wird er leicht der Erwartung zugänglich, daß ein Verkehr und Gedankenaustausch unter so ungewöhnlichen Voraussetzungen auch zu eigenartigen Wirkungen führen könnte.

„Ich verstehe," sagt unser unparteiischer Zuhörer, „Sie nehmen an, daß jeder Nervöse etwas hat, was ihn bedrückt, ein Geheimnis, und indem Sie ihn veranlassen es auszusprechen, entlasten Sie ihn von dem Druck und tun ihm wohl. Das ist ja das Prinzip der Beichte, dessen sich die katholische Kirche seit jeher zur Versicherung ihrer Herrschaft über die Gemüter bedient hat."

Ja und nein, müssen wir antworten. Die Beichte geht wohl in die Analyse ein, als ihre Einleitung gleichsam. Aber weit davon entfernt, daß sie das Wesen der Analyse träfe oder ihre Wirkung erklärte. In der Beichte sagt der Sünder, was er weiß, in der Analyse soll der Neurotiker mehr sagen. Auch wissen wir nichts davon, daß die Beichte je die Kraft entwickelt hätte, direkte Krankheitssymptome zu beseitigen.

„Dann verstehe ich es doch nicht", ist die Entgegnung. „Was soll es wohl heißen: mehr sagen als er weiß? Ich kann mir aber vorstellen, daß Sie als Analytiker einen stärkeren Einfluß auf Ihren Patienten gewinnen als der Beichtvater auf das Beichtkind, weil Sie sich soviel länger, intensiver und auch individueller mit ihm abgeben, und daß Sie diesen gesteigerten Einfluß dazu benützen, ihn von seinen krankhaften Gedanken abzubringen, ihm seine Be-

fürchtungen auszureden usw. Es wäre merkwürdig
genug, daß es auf diese Weise gelänge, auch rein
körperliche Erscheinungen, wie Erbrechen, Diarrhöe,
Krämpfe zu beherrschen, aber ich weiß davon, daß
solche Beeinflussungen sehr wohl möglich sind, wenn
man einen Menschen in den hypnotischen Zustand
versetzt hat. Wahrscheinlich erzielen Sie durch Ihre
Bemühung um den Patienten eine solche hypnotische Beziehung, eine suggestive Bindung an Ihre
Person, auch wenn Sie es nicht beabsichtigen, und
die Wunder Ihrer Therapie sind dann Wirkungen
der hypnotischen Suggestion. Soviel ich weiß, arbeitet
aber die hypnotische Therapie viel rascher als Ihre
Analyse, die, wie Sie sagen, Monate und Jahre
dauert."

Unser Unparteiischer ist weder so unwissend noch
so ratlos, wie wir ihn anfangs eingeschätzt hatten.
Es ist unverkennbar, daß er sich bemüht, die Psychoanalyse mit Hilfe seiner früheren Kenntnisse zu begreifen, sie an etwas anderes anzuschließen, was er
schon weiß. Wir haben jetzt die schwierige Aufgabe, ihm klarzumachen, daß dies nicht gelingen
wird, daß die Analyse ein Verfahren *sui generis*
ist, etwas Neues und Eigenartiges, was nur mit
Hilfe neuer Einsichten – oder wenn man will, An-
nahmen – begriffen werden kann. Aber wir sind
ihm auch noch die Antwort auf seine letzten Be-
merkungen schuldig.

Was Sie von dem besonderen persönlichen Einfluß des Analytikers gesagt haben, ist gewiß sehr beachtenswert. Ein solcher Einfluß existiert und spielt in der Analyse eine große Rolle. Aber nicht dieselbe wie beim Hypnotismus. Es müßte gelingen, Ihnen zu beweisen, daß die Situationen hier und dort ganz verschiedene sind. Es mag die Bemerkung genügen, daß wir diesen persönlichen Einfluß – das „suggestive" Moment – nicht dazu verwenden, um die Leidenssymptome zu unterdrücken, wie es bei der hypnotischen Suggestion geschieht. Ferner, daß es irrig wäre zu glauben, dies Moment sei durchaus der Träger und Förderer der Behandlung. Zu Anfang wohl; aber später widersetzt es sich unseren analytischen Absichten und nötigt uns zu den ausgiebigsten Gegenmaßnahmen. Auch möchte ich Ihnen an einem Beispiel zeigen, wie ferne der analytischen Technik das Ablenken und Ausreden liegt. Wenn unser Patient an einem Schuldgefühl leidet, als ob er ein schweres Verbrechen begangen hätte, so raten wir ihm nicht, sich unter Betonung seiner unzweifelhaften Schuldlosigkeit über diese Gewissensqual hinwegzusetzen; das hat er schon selbst erfolglos versucht. Sondern wir mahnen ihn daran, daß eine so starke und anhaltende Empfindung doch in etwas Wirklichem begründet sein muß, was vielleicht aufgefunden werden kann.

„Es sollte mich wundern," meint der Unparteiische, „wenn Sie durch solches Zustimmen das Schuldgefühl

Ihres Patienten beschwichtigen könnten. Aber was
sind denn Ihre analytischen Absichten und was nehmen Sie mit dem Patienten vor?"

II

Wenn ich Ihnen etwas Verständliches sagen soll,
so muß ich Ihnen wohl ein Stück einer psychologischen Lehre mitteilen, die außerhalb der analytischen
Kreise nicht bekannt ist oder nicht gewürdigt wird.
Aus dieser Theorie wird sich leicht ableiten lassen,
was wir von dem Kranken wollen und auf welche
Art wir es erreichen. Ich trage sie Ihnen dogmatisch vor, als ob sie ein fertiges Lehrgebäude
wäre. Glauben Sie aber nicht, daß sie gleich als
solches wie ein philosophisches System entstanden
ist. Wir haben sie sehr langsam entwickelt, um
jedes Stückchen lange gerungen, sie in stetem
Kontakt mit der Beobachtung fortwährend modifi-
ziert, bis sie endlich eine Form gewonnen hat, in
der sie uns für unsere Zwecke zu genügen scheint.
Noch vor einigen Jahren hätte ich diese Lehre
in andere Ausdrücke kleiden müssen. Ich kann
Ihnen natürlich nicht dafür einstehen, daß die
heutige Ausdrucksform die definitive bleiben wird.
Sie wissen, Wissenschaft ist keine Offenbarung, sie

entbehrt, lange über ihre Anfänge hinaus, der Charaktere der Bestimmtheit, Unwandelbarkeit, Unfehlbarkeit, nach denen sich das menschliche Denken so sehr sehnt. Aber so wie sie ist, ist sie alles, was wir haben können. Nehmen Sie hinzu, daß unsere Wissenschaft sehr jung ist, kaum so alt wie das Jahrhundert, und daß sie sich ungefähr mit dem schwierigsten Stoff beschäftigt, der menschlicher Forschung vorgelegt werden kann, so werden Sie sich leicht in die richtige Einstellung zu meinem Vortrag versetzen können. Unterbrechen Sie mich aber nach Ihrem Belieben jedesmal, wenn Sie mir nicht folgen können oder wenn Sie weitere Aufklärungen wünschen.

„Ich unterbreche Sie, noch ehe Sie beginnen. Sie sagen, Sie wollen mir eine neue Psychologie vortragen, aber ich sollte meinen, die Psychologie ist keine neue Wissenschaft. Es hat genug Psychologie und Psychologen gegeben, und ich habe auf der Schule von großen Leistungen auf diesem Gebiete gehört."

Die ich nicht zu bestreiten gedenke. Aber wenn Sie näher prüfen, werden Sie diese großen Leistungen eher der Sinnesphysiologie einordnen müssen. Die Lehre vom Seelenleben konnte sich nicht entwickeln, weil sie durch eine einzige wesentliche Verkennung gehemmt war. Was umfaßt sie heute, wie sie an den Schulen gelehrt wird? Außer jenen wertvollen sinnesphysiologischen Einsichten eine Anzahl von Einteilungen und Definitionen unserer seelischen Vorgänge, die dank dem Sprachgebrauch Gemeingut aller Gebildeten geworden sind. Das reicht offenbar für die Auffassung unseres Seelenlebens nicht aus. Haben Sie nicht bemerkt, daß jeder Philosoph, Dichter, Historiker und Biograph sich seine eigene Psychologie zurechtmacht, seine besonderen Voraussetzungen über den Zusammenhang und die Zwecke der seelischen Akte vorbringt, alle mehr oder minder ansprechend und alle gleich unzuverlässig? Da fehlt offenbar ein gemeinsames Fundament. Und daher kommt es auch, daß es auf psychologischem Boden sozusagen keinen Respekt und keine Autorität gibt. Jedermann kann da nach Belieben „wildern". Wenn Sie eine physikalische oder chemische Frage aufwerfen, wird ein jeder schweigen, der sich nicht im Besitz von „Fachkenntnissen" weiß. Aber wenn Sie eine psychologische Behauptung wagen, müssen sie auf Urteil und Widerspruch von jedermann gefaßt sein. Wahrscheinlich gibt es auf diesem Gebiet keine „Fachkenntnisse". Jedermann hat sein Seelenleben und darum hält sich jedermann für einen Psychologen. Aber das scheint mir kein genügender Rechtstitel zu sein. Man erzählt, daß eine Person, die sich zur „Kinderfrau" anbot, gefragt wurde, ob sie auch mit kleinen Kindern umzugehen verstehe. Gewiß, gab sie zur Antwort, ich war doch selbst einmal ein kleines Kind.

„Und dies von allen Psychologen übersehene
‚gemeinsame Fundament' des Seelenlebens wollen
Sie durch Beobachtungen an Kranken entdeckt
haben?"

Ich glaube nicht, daß diese Herkunft unsere Be-
funde entwertet. Die Embryologie z. B. verdiente
kein Vertrauen, wenn sie nicht die Entstehung der
angeborenen Mißbildungen glatt aufklären könnte.
Aber ich habe Ihnen von Personen erzählt, deren
Gedanken ihre eigenen Wege gehen, so daß sie gezwungen sind, über Probleme zu grübeln, die ihnen
furchtbar gleichgiltig sind. Glauben Sie, daß die Schulpsychologie jemals den mindesten Beitrag zur Auf-
klärung einer solchen Anomalie leisten konnte? Und
endlich geschieht es uns allen, daß nächtlicherweile
unser Denken eigene Wege geht und Dinge schafft,
die wir dann nicht verstehen, die uns befremden und
in bedenklicher Weise an krankhafte Produkte erinnern. Ich meine unsere Träume. Das Volk hat
immer an dem Glauben festgehalten, daß Träume
einen Sinn, einen Wert haben, etwas bedeuten.
Diesen Sinn der Träume hat die Schulpsychologie
nie angeben können. Sie wußte mit dem Traum
nichts anzufangen; wenn sie Erklärungen versucht
hat, waren es unpsychologische, wie Zurückführungen
auf Sinnesreize, auf eine ungleiche Schlaftiefe ver-
schiedener Hirnpartien u. dgl. Man darf aber sagen,
eine Psychologie, die den Traum nicht erklären kann,

ist auch für das Verständnis des normalen Seelenlebens nicht brauchbar, hat keinen Anspruch, eine
Wissenschaft zu heißen.

„Sie werden aggressiv, also haben Sie wohl eine
empfindliche Stelle berührt. Ich habe ja gehört, daß
man in der Analyse großen Wert auf Träume legt,
sie deutet, Erinnerungen an wirkliche Begebenheiten
hinter ihnen sucht usw. Aber auch, daß die Deutung
der Träume der Willkür der Analytiker ausgeliefert
ist, und daß diese selbst mit den Streitigkeiten über
die Art Träume zu deuten, über die Berechtigung,
aus ihnen Schlüsse zu ziehen, nicht fertig geworden
sind. Wenn das so ist, so dürfen Sie den Vorzug,
den die Analyse vor der Schulpsychologie gewonnen
hat, nicht so dick unterstreichen."

Sie haben da wirklich viel Richtiges gesagt. Es
ist wahr, daß die Traumdeutung für die Theorie wie
für die Praxis der Analyse eine unvergleichliche
Wichtigkeit gewonnen hat. Wenn ich aggressiv er-
scheine, so ist das für mich nur ein Weg der Ver-
teidigung. Wenn ich aber an all den Unfug denke,
den manche Analytiker mit der Deutung der Träume
angestellt haben, könnte ich verzagt werden und dem
pessimistischen Ausspruch unseres großen Satiri-
rikers Nestroy recht geben, der lautet: Ein jeder
Fortschritt ist immer nur halb so groß als er zuerst aus-
schaut! Aber haben Sie es je anders erfahren, als
daß die Menschen alles verwirren und verzerren, was

in ihre Hände fällt? Mit etwas Vorsicht und Selbst-
zucht kann man die meisten der Gefahren der Traumdeutung sicher vermeiden. Aber glauben Sie nicht,
daß ich nie zu meinem Vortrag kommen werde,
wenn wir uns so ablenken lassen?

„Ja, Sie wollten von der fundamentalen Voraussetzung der neuen Psychologie erzählen, wenn ich
Sie recht verstanden habe."

Damit wollte ich nicht beginnen. Ich habe die Absicht, Sie hören zu lassen, welche Vorstellung von der
Struktur des seelischen Apparats wir uns während
der analytischen Studien gebildet haben.

„Was heißen Sie den seelischen Apparat und
woraus ist er gebaut, darf ich fragen?"

Was der seelische Apparat ist, wird bald klar
werden. Aus welchem Material er gebaut ist, danach
bitte ich nicht zu fragen. Es ist kein psychologisches
Interesse, kann der Psychologie ebenso gleichgiltig
sein wie der Optik die Frage, ob die Wände des
Fernrohrs aus Metall oder aus Pappendeckel gemacht sind. Wir werden den stofflichen Gesichtspunkt überhaupt bei Seite lassen, den räumlichen
aber nicht. Wir stellen uns den unbekannten Apparat,
der den seelischen Verrichtungen dient, nämlich wirklich wie ein Instrument vor, aus mehreren Teilen
aufgebaut, – die wir Instanzen heißen, – die ein
jeder eine besondere Funktion versehen, und die
eine feste räumliche Beziehung zueinander haben,

das heißt die räumliche Beziehung, das „vor" und „hinter", „oberflächlich" und „tief" hat für uns zunächst nur den Sinn einer Darstellung der regelmäßigen Aufeinanderfolge der Funktionen. Bin ich noch verständlich?

„Kaum, vielleicht verstehe ich es später, aber jedenfalls ist das eine sonderbare Anatomie der Seele, die es bei den Naturforschern doch gar nicht mehr gibt."

Was wollen Sie, es ist eine Hilfsvorstellung wie soviele in den Wissenschaften. Die allerersten sind immer ziemlich roh gewesen. *Open to revision,* kann man in solchen Fällen sagen. Ich halte es für überflüssig, mich hier auf das populär gewordene „Als ob" zu berufen. Der Wert einer solchen – „Fiktion" würde der Philosoph V a i h i n g e r sie nennen – hängt davon ab, wieviel man mit ihr ausrichten kann.

Also um fortzusetzen: Wir stellen uns auf den Boden der Alltagsweisheit und anerkennen im Menschen eine seelische Organisation, die zwischen seine Sinnesreize und die Wahrnehmung seiner Körperbedürfnisse einerseits, seine motorischen Akte anderseits eingeschaltet ist und in bestimmter Absicht zwischen ihnen vermittelt. Wir heißen diese Organisation sein I c h. Das ist nun keine Neuigkeit, jeder von uns macht diese Annahme, wenn er kein Philosoph ist, und einige selbst, obwohl sie Philosophen sind. Aber wir glauben nicht, damit die Beschreibung des seelischen Apparats erschöpft zu haben. Außer

diesem Ich erkennen wir ein anderes seelisches Gebiet, umfangreicher, großartiger und dunkler als das
Ich, und dies heißen wir das E s. Das Verhältnis zwischen den beiden soll uns zunächst beschäftigen.

Sie werden es wahrscheinlich beanständen, daß
wir zur Bezeichnung unserer beiden seelischen Instanzen
oder Provinzen einfache Fürwörter gewählt haben,
anstatt vollautende griechische Namen für sie einzuführen. Allein wir lieben es in der Psychoanalyse,
im Kontakt mit der populären Denkweise zu
bleiben und ziehen es vor, deren Begriffe wissen-
schaftlich brauchbar zu machen, anstatt sie zu ver-
werfen. Es ist kein Verdienst daran, wir müssen so
vorgehen, weil unsere Lehren von unseren Patienten
verstanden werden sollen, die oft sehr intelligent
sind, aber nicht immer gelehrt. Das unpersönliche E s
schließt sich unmittelbar an gewisse Ausdrucksweisen
des normalen Menschen an. „Es hat mich durchzuckt"
sagt man; „es war etwas in mir, was in diesem
Augenblick stärker war als ich." „C'était plus fort que
moi".

In der Psychologie können wir nur mit Hilfe von
Vergleichungen beschreiben. Das ist nichts Besonderes, es ist auch anderwärts so. Aber wir müssen
diese Vergleiche auch immer wieder wechseln, keiner
hält uns lange genug aus. Wenn ich also das Verhältnis
zwischen Ich und Es deutlich machen will, so bitte ich
Sie, sich vorzustellen, das Ich sei eine Art Fassade

des Es, ein Vordergrund, gleichsam eine äußerliche, eine Rindenschicht desselben. Der letztere Vergleich kann festgehalten werden. Wir wissen, Rindenschichten verdanken ihre besonderen Eigenschaften dem modifizierenden Einfluß des äußeren Mediums, an das sie anstoßen. So stellen wir uns vor, das Ich sei die durch den Einfluß der Außenwelt (der Realität) modifizierte Schichte des seelischen Apparats, des Es. Sie sehen dabei, in welcher Weise wir in der Psychoanalyse mit räumlichen Auffassungen Ernst machen. Das Ich ist uns wirklich das Oberflächliche, das Es das Tiefere, von außen betrachtet natürlich. Das Ich liegt zwischen der Realität und dem Es, dem eigentlich Seelischen.

„Ich will Sie noch gar nicht fragen, woher man das alles wissen kann. Sagen Sie mir zunächst, was haben Sie von dieser Trennung eines Ich und eines Es, was nötigt Sie dazu?"

Ihre Frage weist mir den Weg zur richtigen Fortsetzung. Das Wichtige und Wertvolle ist nämlich zu wissen, daß das Ich und das Es in mehreren Punkten sehr von einander abweichen; es gelten im Ich andere Regeln für den Ablauf seelischer Akte als im Es, das Ich verfolgt andere Absichten und mit anderen Mitteln. Darüber wäre sehr viel zu sagen, aber wollen Sie sich mit einem neuen Vergleich und einem Beispiel abfinden lassen? Denken Sie an den Unterschied zwischen der Front und

dem Hinterland, wie er sich während des Krieges
herausgebildet hatte. Wir haben uns damals nicht
gewundert, daß an der Front manches anders vor-
ging als im Hinterland, und daß im Hinterland vieles
gestattet war, was an der Front verboten werden
mußte. Der bestimmende Einfluß war natürlich die
Nähe des Feindes, für das Seelenleben ist es die
Nähe der Außenwelt. Draußen – fremd – feindlich
waren einmal identische Begriffe. Und nun das Beispiel: im Es gibt es keine Konflikte; Widersprüche,
Gegensätze bestehen unbeirrt neben einander und
gleichen sich oft durch Kompromißbildungen ab. Das
Ich empfindet in solchen Fällen einen Konflikt, der
entschieden werden muß, und die Entscheidung besteht darin, daß eine Strebung zugunsten der anderen
aufgegeben wird. Das Ich ist eine Organisation, ausgezeichnet durch ein sehr merkwürdiges Streben nach
Vereinheitlichung, nach Synthese; dieser Charakter
fehlt dem Es, es ist – sozusagen – zerfahren, seine
einzelnen Strebungen verfolgen ihre Absichten unab-
hängig von und ohne Rücksicht aufeinander.

„Und wenn ein so wichtiges seelisches Hinterland
existiert, wie können Sie mir begreiflich machen, daß
es bis zur Zeit der Analyse übersehen wurde?"

Damit sind wir zu einer Ihrer früheren Fragen
zurückgekehrt. Die Psychologie hatte sich den Zugang
zum Gebiet des Es versperrt, indem sie an einer
Voraussetzung festhielt, die nahe genug liegt, aber

doch nicht haltbar ist. Nämlich, daß alle seelischen Akte uns bewußt sind, daß Bewußt-sein das Kennzeichen des Seelischen ist, und daß, wenn es nichtbewußte Vorgänge in unserem Gehirn gibt, diese nicht den Namen seelischer Akte verdienen und die Psychologie nichts angehen.

„Ich meine, das ist doch selbstverständlich."

Ja, das meinen die Psychologen auch, aber es ist doch leicht zu zeigen, daß es falsch, das heißt: eine ganz unzweckmäßige Sonderung ist. Die bequemste Selbstbeobachtung lehrt, daß man Einfälle haben kann, die nicht ohne Vorbereitung zustande gekommen sein können. Aber von diesen Vorstufen Ihres Gedankens, die doch wirklich auch seelischer Natur gewesen sein müssen, erfahren Sie nichts, in Ihr Bewußtsein tritt nur das fertige Resultat. Gelegentlich können Sie sich nachträglich diese vorbereitenden Gedankenbildungen wie in einer Rekonstruktion bewußt machen.

„Wahrscheinlich war die Aufmerksamkeit abgelenkt, so daß man diese Vorbereitungen nicht bemerkt hat."

Ausflüchte! Sie kommen so um die Tatsache nicht herum, daß in Ihnen Akte seelischer Natur, oft sehr komplizierte, vorgehen können, von denen Ihr Bewußtsein nichts erfährt, von denen Sie nichts wissen. Oder sind Sie zu der Annahme bereit, daß etwas mehr oder weniger von Ihrer „Aufmerksamkeit" hin-

reicht, um einen nicht seelischen Akt in einen seelischen zu verwandeln? Übrigens wozu der Streit?
Es gibt hypnotische Experimente, in denen die Existenz solcher nicht bewußter Gedanken für jedermann,
der lernen will, unwiderleglich demonstriert wird.

„Ich will nicht leugnen, aber ich glaube, ich verstehe Sie endlich. Was Sie Ich heißen, ist das Bewußtsein und Ihr Es ist das sogenannte Unterbewußt-
sein, von dem jetzt so viel die Rede ist. Aber wozu
die Maskerade durch die neuen Namen?"

Es ist keine Maskerade, diese anderen Namen sind
unbrauchbar. Und versuchen Sie nicht, mir Literatur anstatt Wissenschaft zu geben. Wenn jemand vom Unter-
bewußtsein spricht, weiß ich nicht, meint er es topisch,
etwas was in der Seele unterhalb des Bewußtseins liegt,
oder qualitativ, ein anderes Bewußtsein, ein unterirdi-
sches gleichsam. Wahrscheinlich macht er sich überhaupt
nichts klar. Der einzig zulässige Gegensatz ist der zwischen bewußt und unbewußt. Aber es wäre ein folgen-
schwerer Irrtum zu glauben, dieser Gegensatz fiele mit
der Scheidung von Ich und Es zusammen. Allerdings, es
wäre wunderschön, wenn es so einfach wäre, unsere
Theorie hätte dann ein leichtes Spiel, aber es. ist
nicht so einfach. Richtig ist nur, daß alles, was im
Es vorgeht, unbewußt ist und bleibt, und daß die Vorgänge im Ich bewußt werden können, sie allein. Aber sie
sind es nicht alle, nicht immer, nicht notwendig und große
Anteile des Ichs können dauernd unbewußt bleiben.

Mit dem Bewußtwerden eines seelischen Vorgangs ist es eine komplizierte Sache. Ich kann es mir nicht versagen, Ihnen – wiederum dogmatisch – darzustellen, was wir darüber annehmen. Sie erinnern sich, das Ich ist die äußere, peripherische Schicht des Es. Nun glauben wir, an der äußersten Oberfläche dieses Ichs befinde sich eine besondere, der Außenwelt direkt zugewendete Instanz, ein System, ein Organ, durch dessen Erregung allein das Phänomen, das wir Bewußtsein heißen, zustande kommt. Dies Organ kann ebensowohl von außen erregt werden, nimmt also mit Hilfe der Sinnesorgane die Reize der Außenwelt auf, wie auch von innen her, wo es zuerst die Sensationen im Es und dann auch die Vorgänge im Ich zur Kenntnis nehmen kann.

„Das wird immer ärger und entzieht sich immer mehr meinem Verständnis. Sie haben mich doch zu einer Unterredung über die Frage eingeladen, ob auch Laien = Nichtärzte analytische Behandlungen unternehmen sollen. Wozu dann diese Auseinandersetzungen über gewagte, dunkle Theorien, von deren Berechtigung Sie mich doch nicht überzeugen können?"

Ich weiß, daß ich Sie nicht überzeugen kann. Es liegt außerhalb jeder Möglichkeit und darum auch außerhalb meiner Absicht. Wenn wir unseren Schülern theoretischen Unterricht in der Psychoanalyse geben, so können wir beobachten, wie wenig Eindruck

wir ihnen zunächst machen. Sie nehmen die analytischen Lehren mit derselben Kühle hin wie andere
Abstraktionen, mit denen sie genährt wurden. Einige
wollen vielleicht überzeugt werden, aber keine Spur
davon, daß sie es sind. Nun verlangen wir auch, daß
jeder, der die Analyse an anderen ausüben will, sich
vorher selbst einer Analyse unterwerfe. Erst im Ver-
lauf dieser „Selbstanalyse" (wie sie mißverständlich ge-
nannt wird), wenn sie die von der Analyse behaup-
teten Vorgänge am eigenen Leib – richtiger: an der
eigenen Seele – tatsächlich erleben, erwerben sie sich
die Überzeugungen, von denen sie später als Analytiker geleitet werden. Wie darf ich also erwarten,
Sie, den Unparteiischen, von der Richtigkeit unserer
Theorien zu überzeugen, dem ich nur eine unvoll-
ständige, verkürzte und darum undurchsichtige Darstellung derselben ohne Bekräftigung durch Ihre eigenen Erfahrungen vorlegen kann?

Ich handle in anderer Absicht. Es ist zwischen uns
gar nicht die Frage, ob die Analyse klug oder unsinnig ist, ob sie in ihren Aufstellungen recht hat
oder in grobe Irrtümer verfällt. Ich rolle unsere Theorien vor Ihnen auf, weil ich Ihnen so am besten
klarmachen kann, welchen Gedankeninhalt die Analyse
hat, von welchen Voraussetzungen sie beim einzelnen
Kranken ausgeht, und was sie mit ihm vornimmt. Dadurch wird dann ein ganz bestimmtes Licht auf die
Frage der Laienanalyse geworfen werden. Seien Sie

übrigens ruhig, Sie haben, wenn Sie mir soweit ge-
folgt sind, das Ärgste überstanden, alles Folgende
wird Ihnen leichter werden. Jetzt aber lassen Sie mich
eine Atempause machen.

III

„Ich erwarte, daß Sie mir aus den Theorien der Psychoanalyse ableiten wollen, wie man sich die Entstehung eines nervösen Leidens vorstellen kann."

Ich will es versuchen. Zu dem Zweck müssen wir aber unser Ich und unser Es von einem neuen Gesichtspunkt aus studieren, vom dynamischen, das heißt mit Rücksicht auf die Kräfte, die in und zwischen ihnen spielen. Vorhin hatten wir uns ja mit der Beschreibung des seelischen Apparats begnügt.

„Wenn es nur nicht wieder so unfaßbar wird!"

Ich hoffe, nicht. Sie werden sich bald zurechtfinden. Also wir nehmen an, daß die Kräfte, welche den seelischen Apparat zur Tätigkeit treiben, in den Organen des Körpers erzeugt werden als Ausdruck der großen Körperbedürfnisse. Sie erinnern sich an das Wort unseres Dichterphilosophen: Hunger und Liebe. Übrigens ein ganz respektables Kräftepaar! Wir heißen diese Körperbedürfnisse, insoferne sie Anreize für seelische Tätigkeit darstellen, Triebe, ein Wort, um das uns viele moderne Sprachen beneiden.

Diese Triebe erfüllen nun das Es, alle Energie im
Es, können wir abkürzend sagen, stammt von ihnen.
Die Kräfte im Ich haben auch keine andere Herkunft, sie sind von denen im Es abgeleitet. Was
wollen nun die Triebe? Befriedigung, das heißt die
Herstellung solcher Situationen, in denen die Körperbedürfnisse erlöschen können. Das Herabsinken der
Bedürfnisspannung wird von unserem Bewußtseins-
organ als lustvoll empfunden, eine Steigerung derselben bald als Unlust. Aus diesen Schwankungen
entsteht die Reihe von Lust-Unlustempfindungen,
nach der der ganze seelische Apparat seine Tätigkeit
reguliert. Wir sprechen da von einer „Herrschaft
des Lustprinzips".

Es kommt zu unerträglichen Zuständen, wenn die
Triebansprüche des Es keine Befriedigung finden. Die
Erfahrung zeigt bald, daß solche Befriedigungssitua-
tionen nur mit Hilfe der Außenwelt hergestellt werden können. Damit tritt der der Außenwelt zugewendete Anteil des Es, das Ich, in Funktion. Wenn
alle treibende Kraft, die das Fahrzeug von der Stelle
bringt, vom Es aufgebracht wird, so übernimmt das
Ich gleichsam die Steuerung, bei deren Ausfall ja ein
Ziel nicht zu erreichen ist. Die Triebe im Es drängen
auf sofortige, rücksichtslose Befriedigung, erreichen
auf diese Weise nichts oder erzielen selbst fühlbare
Schädigung. Es wird nun die Aufgabe des Ichs, diesen
Mißerfolg zu verhüten, zwischen den Ansprüchen des

3*

Es und dem Einspruch der realen Außenwelt zu vermitteln. Es entfaltet seine Tätigkeit nun nach zwei
Richtungen. Einerseits beobachtet es mit Hilfe seines
Sinnesorgans, des Bewußtseinssystems, die Außenwelt,
um den günstigen Moment für schadlose Befriedigung
zu erhaschen, anderseits beeinflußt es das Es, zügelt
dessen „Leidenschaften", veranlaßt die Triebe, ihre
Befriedigung aufzuschieben, ja, wenn es als notwendig
erkannt wird, ihre Ziele zu modifizieren, oder sie
gegen Entschädigung aufzugeben. Indem es die
Regungen des Es in solcher Weise bändigt, ersetzt
es das früher allein maßgebende Lustprinzip durch
das sogenannte Realitätsprinzip, das zwar dieselben Endziele verfolgt, aber den von der realen
Außenwelt gesetzten Bedingungen Rechnung trägt.
Später lernt das Ich, daß es noch einen anderen
Weg zur Versicherung der Befriedigung gibt als die
beschriebene Anpassung an die Außenwelt. Man
kann auch verändernd in die Außenwelt eingreifen
und in ihr absichtlich jene Bedingungen herstellen,
welche die Befriedigung ermöglichen. Diese Tätigkeit
wird dann zur höchsten Leistung des Ichs; die Entscheidungen, wann es zweckmäßiger ist, seine Leidenschaften zu beherrschen und sich vor der Realität
zu beugen, oder ihre Partei zu ergreifen und sich
gegen die Außenwelt zur Wehr zu setzen, sind das
Um und Auf der Lebensklugheit.

„Und läßt sich das Es eine solche Beherrschung

durch das Ich gefallen, wo es doch, wenn ich Sie recht verstehe, der stärkere Teil ist?"

Ja, es geht gut, wenn das Ich seine volle Organisation und Leistungsfähigkeit besitzt, zu allen Teilen des Es Zugang hat und seinen Einfluß auf sie üben kann. Es besteht ja keine natürliche Gegnerschaft zwischen Ich und Es, sie gehören zusammen und sind im Falle der Gesundheit praktisch nicht voneinander zu scheiden.

„Das läßt sich alles hören, aber ich sehe nicht, wo sich in diesem idealen Verhältnis ein Plätzchen für die Krankheitsstörung findet."

Sie haben recht; solange das Ich und seine Beziehungen zum Es diese idealen Anforderungen erfüllen, gibt es auch keine nervöse Störung. Die Einbruchsstelle der Krankheit liegt an einem unerwarteten Ort, obwohl ein Kenner der allgemeinen Pathologie nicht überrascht sein wird, bestätigt zu finden, daß gerade die bedeutsamsten Entwicklungen und Differenzierungen den Keim zur Erkrankung, zum Versagen der Funktion, in sich tragen.

„Sie werden zu gelehrt, ich verstehe Sie nicht."

Ich muß ein bißchen weiter ausholen. Nicht wahr, das kleine Lebewesen ist ein recht armseliges, ohnmächtiges Ding gegen die übergewaltige Außenwelt, die voll ist von zerstörenden Einwirkungen. Ein primitives Lebewesen, das keine zureichende Ichorganisation entwickelt hat, ist all diesen „Traumen" ausge-

setzt. Es lebt der „blinden" Befriedigung seiner Trieb-
wünsche und geht so häufig an dieser zugrunde. Die
Differenzierung eines Ichs ist vor allem ein Schritt
zur Lebenserhaltung. Aus dem Untergang läßt sich
zwar nichts lernen, aber wenn man ein Trauma
glücklich bestanden hat, achtet man auf die Annäherung ähnlicher Sitationen und signalisiert die Gefahr
durch eine verkürzte Wiederholung der beim Trauma
erlebten Eindrücke, durch einen Angstaffekt. Diese
Reaktion auf die Wahrnehmung der Gefahr leitet
nun den Fluchtversuch ein, der so lange lebensrettend
wirkt, bis man genug erstarkt ist, um dem Gefährlichen
in der Außenwelt in aktiverer Weise, vielleicht sogar
durch Aggression zu begegnen.

„Das ist alles sehr weit weg von dem, was Sie
versprochen haben."

Sie ahnen nicht, wie nah ich der Erfüllung mei-
nes Versprechens gekommen bin. Auch bei den Lebewesen, die später eine leistungsfähige Ichorganisation haben, ist dieses Ich zuerst in den Jahren der
Kindheit schwächlich und vom Es wenig differenziert.
Nun stellen Sie sich vor, was geschehen wird, wenn
dieses machtlose Ich einen Triebanspruch aus dem
Es erlebt, dem es bereits widerstehen möchte, weil
es errät, daß dessen Befriedigung gefährlich ist, eine
traumatische Situation, einen Zusammenstoß mit der
Außenwelt heraufbeschwören würde, den es aber
nicht beherrschen kann, weil es die Kraft dazu noch

nicht besitzt. Das Ich behandelt dann die Triebgefahr, als ob es eine äußere Gefahr wäre, es unternimmt einen Fluchtversuch, zieht sich von diesem Anteil des Es zurück und überläßt ihn seinem Schicksal, nachdem es ihm alle Beiträge, die es sonst zu den Triebregungen stellt, verweigert hat. Wir sagen, das Ich nimmt eine Verdrängung dieser Triebregungen vor. Das hat für den Augenblick den Erfolg, die Gefahr abzuwehren, aber man verwechselt nicht ungestraft das Innen und das Außen. Man kann nicht vor sich selbst davonlaufen. Bei der Verdrängung folgt das Ich dem Lustprinzip, welches es sonst zu korrigieren pflegt, es hat dafür den Schaden zu tragen. Dieser besteht darin, daß das Ich nun seinen Machtbereich dauernd eingeschränkt hat. Die verdrängte Triebregung ist jetzt isoliert, sich selbst überlassen, unzugänglich, aber auch unbeeinflußbar. Sie geht ihren eigenen Weg. Das Ich kann zumeist auch später, wenn es erstarkt ist, die Verdrängung nicht mehr aufheben, seine Synthese ist gestört, ein Teil des Es bleibt für das Ich verbotener Grund. Die isolierte Triebregung bleibt aber auch nicht müßig, sie weiß sich dafür, daß ihr die normale Befriedigung versagt ist, zu entschädigen, erzeugt psychische Abkömmlinge, die sie vertreten, setzt sich mit anderen Vorgängen in Verknüpfung, die sie durch ihren Einfluß gleichfalls dem Ich entreißt, und bricht endlich in einer unkenntlich entstellten Ersatzbildung ins Ich

und zum Bewußtsein durch, schafft das, was man
ein Symptom nennt. Mit einem Male sehen wir den
Sachverhalt einer nervösen Störung vor uns: ein Ich,
das in seiner Synthese gehemmt ist, das auf Teile
des Es keinen Einfluß hat, das auf manche seiner
Tätigkeiten verzichten muß, um einen neuerlichen
Zusammenstoß mit dem Verdrängten zu vermeiden,
das sich in meist vergeblichen Abwehraktionen gegen
die Symptome, die Abkömmlinge der verdrängten
Regungen, erschöpft, und ein Es, in dem sich einzelne
Triebe selbständig gemacht haben, ohne Rücksicht
auf die Interessen der Gesamtperson ihre Ziele verfolgen und nur mehr den Gesetzen der primitiven
Psychologie gehorchen, die in den Tiefen des Es ge-
bietet. Übersehen wir die ganze Situation, so erweist
sich uns als einfache Formel für die Entstehung der
Neurose, daß das Ich den Versuch gemacht hat, gewisse Anteile des Es in u n g e e i g n e t e r   W e i s e
zu unterdrücken, daß dies mißlungen ist und das Es
dafür seine Rache genommen hat. Die Neurose ist
also die Folge eines Konflikts zwischen Ich und Es,
in den das Ich eintritt, weil es, wie eingehende Untersuchung zeigt, durchaus an seiner Gefügigkeit gegen die reale Außenwelt festhalten will. Der Gegensatz läuft zwischen Außenwelt und Es, und weil das
Ich, seinem innersten Wesen getreu, für die Außenwelt Partei nimmt, gerät es in Konflikt mit seinem
Es. Beachten Sie aber wohl, nicht die Tatsache dieses

Konflikts schafft die Bedingung des Krankseins, – denn solche Gegensätze zwischen Realität und Es sind unvermeidlich und das Ich führt unter seinen beständigen Aufgaben, in ihnen zu vermitteln, – sondern der Umstand, daß das Ich sich zur Erledigung des Konflikts des unzureichenden Mittels der Verdrängung bedient hat. Dies hat aber selbst seinen Grund darin, daß das Ich zur Zeit, als sich ihm die Aufgabe stellte, unentwickelt und ohnmächtig war. Die entscheidenden Verdrängungen fallen ja alle in früher Kindheit vor.

„Welch ein merkwürdiger Weg! Ich folge Ihrem Rat, nicht zu kritisieren, da Sie mir ja nur zeigen wollen, was die Psychoanalyse von der Entstehung der Neurose glaubt, um daran zu knüpfen, was sie zu ihrer Bekämpfung unternimmt. Ich hätte verschiedenes zu fragen, werde einiges auch später vorbringen. Zunächst verspüre ich auch einmal die Versuchung, auf Grund ihrer Gedankengänge weiter zu bauen und selbst eine Theorie zu wagen. Sie haben die Relation Außenwelt–Ich–Es entwickelt und als die Bedingung der Neurose hingestellt, daß das Ich in seiner Abhängigkeit von der Außenwelt das Es bekämpft. Ist nicht auch der andere Fall denkbar, daß das Ich in einem solchen Konflikt sich vom Es fortreißen läßt und seine Rücksicht auf die Außenwelt verleugnet? Was geschieht in einem solchen Falle? Nach meinen laienhaften Vorstellungen von der Na-

tur einer Geisteskrankheit könnte diese Entscheidung
des Ichs die Bedingung der Geisteskrankheit sein.
Solch eine Abwendung von der Wirklichkeit scheint
doch das Wesentliche an der Geisteskrankheit."

Ja, daran habe ich selbst gedacht, und halte es
sogar für zutreffend, wenngleich der Erweis dieser
Vermutung eine Diskussion von recht komplizierten
Verhältnissen erfordert. Neurose und Psychose sind
offenbar innig verwandt und müssen sich doch in
einem entscheidenden Punkt voneinander trennen.
Dieser Punkt könnte wohl die Parteinahme des Ichs
in einem solchen Konflikt sein. Das Es würde in beiden Fällen seinen Charakter von blinder Unnachgie-
bigkeit bewahren.

„Nun setzen Sie fort. Welche Winke gibt ihre
Theorie für die Behandlung der neurotischen Erkrankungen?"

Unser therapeutisches Ziel ist jetzt leicht zu
umschreiben. Wir wollen das Ich herstellen, es von
seinen Einschränkungen befreien, ihm die Herrschaft
über das Es wiedergeben, die es infolge seiner
frühen Verdrängungen eingebüßt hat. Nur zu diesem
Zweck machen wir die Analyse, unsere ganze Technik
ist auf dieses Ziel gerichtet. Wir haben die vor-
gefallenen Verdrängungen aufzusuchen und das Ich
zu bewegen, sie nun mit unserer Hilfe zu korrigieren, die Konflikte besser als durch einen Fluchtversuch zu erledigen. Da diese Verdrängungen sehr

frühen Kinderjahren angehören, führt uns auch die analytische Arbeit in diese Lebenszeit zurück. Den Weg zu den meist vergessenen Konfliktsituationen, die wir in der Erinnerung des Kranken wiederbeleben wollen, weisen uns die Symptome, Träume und freien Einfälle des Kranken, die wir allerdings erst deuten, übersetzen müssen, da sie unter dem Einfluß der Psychologie des Es für unser Verständnis fremdartige Ausdrucksformen angenommen haben. Von den Einfällen, Gedanken und Erinnerungen, die uns der Patient nicht ohne inneres Sträuben mitteilen kann, dürfen wir annehmen, daß sie irgendwie mit dem Verdrängten zusammenhängen oder Abkömmlinge desselben sind. Indem wir den Kranken dazu antreiben, sich über seine Widerstände bei der Mitteilung hinauszusetzen, erziehen wir sein Ich dazu, seine Neigung zu Fluchtversuchen zu überwinden und die Annäherung des Verdrängten zu vertragen. Am Ende, wenn es gelungen ist, die Situation der Verdrängung in seiner Erinnerung zu reproduzieren, wird seine Gefügigkeit glänzend belohnt. Der ganze Unterschied der Zeiten läuft zu seinen Gunsten, und das, wovor sein kindliches Ich erschreckt die Flucht ergriffen hatte, das erscheint dem erwachsenen und erstarkten Ich oft nur als Kinderspiel.

IV

„Alles, was Sie mir bisher erzählt haben, war Psychologie. Es klang oft befremdlich, spröde, dunkel, aber es
war doch immer, wenn ich so sagen soll: reinlich. Nun
habe ich zwar bisher sehr wenig von Ihrer Psychoanalyse gewußt, aber das Gerücht ist doch zu mir
gedrungen, daß sie sich vorwiegend mit Dingen beschäftigt, die auf dieses Prädikat keinen Anspruch
haben. Es macht mir den Eindruck einer beab-
sichtigten Zurückhaltung, daß Sie bisher nichts Ähn-
liches berührt haben. Auch kann ich einen anderen
Zweifel nicht unterdrücken. Die Neurosen sind doch,
wie Sie selbst sagen, Störungen des Seelenlebens.
Und so wichtige Dinge wie unsere Ethik, unser Gewissen,
unsere Ideale, sollten bei diesen tiefgreifenden
Störungen gar keine Rolle spielen?"

Sie vermissen also in unseren bisherigen Bespre-
chungen die Berücksichtigung des Niedrigsten wie des
Höchsten. Das kommt aber daher, daß wir von den
Inhalten des Seelenlebens überhaupt noch nicht
gehandelt haben. Lassen Sie mich aber jetzt einmal

selbst die Rolle des Unterbrechers spielen, der den Fortschritt der Unterredung aufhält. Ich habe Ihnen soviel Psychologie erzählt, weil ich wünschte, daß Sie den Eindruck empfangen, die analytische Arbeit sei ein Stück angewandter Psychologie, und zwar einer Psychologie, die außerhalb der Analyse nicht bekannt ist. Der Analytiker muß also vor allem diese Psychologie, die Tiefenpsychologie oder Psychologie des Unbewußten, gelernt haben, wenigstens soviel als heute davon bekannt ist. Wir werden das für unsere späteren Folgerungen brauchen. Aber jetzt, was meinten Sie mit der Anspielung auf die Reinlichkeit?

„Nun, es wird allgemein erzählt, daß in den Analysen die intimsten – und garstigsten Angelegenheiten des Geschlechtslebens mit allen Details zur Sprache kommen. Wenn das so ist, – aus Ihren psychologischen Auseinandersetzungen habe ich nicht entnehmen können, daß es so sein muß, – so wäre es ein starkes Argument dafür, solche Behandlungen nur Ärzten zu gestatten. Wie kann man daran denken, anderen Personen, deren Diskretion man nicht sicher ist, für deren Charakter man keine Bürgschaft hat, so gefährliche Freiheiten einzuräumen?"

Es ist wahr, die Ärzte genießen auf sexuellem Gebiet gewisse Vorrechte; sie dürfen ja auch die Genitalien inspizieren. Obwohl sie es im Orient nicht durften; auch manche Idealreformer – Sie wissen, wen ich meine – haben diese Vorrechte bekämpft.

Aber Sie wollen zunächst wissen, ob es in der Analyse
so ist und warum es so sein muß? – Ja, es ist so.
    Es muß aber so sein, erstens weil die Analyse
überhaupt auf volle Aufrichtigkeit gebaut ist. Man
behandelt in ihr z. B. Vermögensverhältnisse mit eben
solcher Ausführlichkeit und Offenheit, sagt Dinge, die
man jedem Mitbürger vorenthält, auch wenn er nicht
Konkurrent oder Steuerbeamter ist. Daß diese Verpflichtung zur Aufrichtigkeit auch den Analytiker unter
schwere moralische Verantwortlichkeit setzt, werde
ich nicht bestreiten, sondern selbst energisch betonen.
Zweitens muß es so sein, weil unter den Ursachen
und Anlässen der nervösen Erkrankungen Momente
des Geschlechtslebens eine überaus wichtige, eine
überragende, vielleicht selbst eine spezifische Rolle
spielen. Was kann die Analyse anderes tun, als sich
ihrem Stoff, dem Material, das der Kranke bringt, an-
zuschmiegen? Der Analytiker lockt den Patienten
niemals auf das sexuelle Gebiet, er sagt ihm nicht
voraus: es wird sich um die Intimitäten Ihres
Geschlechtslebens handeln! Er läßt ihn seine Mitteilungen beginnen, wo es ihm beliebt, und wartet ruhig ab,
bis der Patient selbst die geschlechtlichen Dinge an-
rührt. Ich pflegte meine Schüler immer zu mahnen:
Unsere Gegner haben uns angekündigt, daß wir auf
Fälle stoßen werden, bei denen das sexuelle Moment
keine Rolle spielt; hüten wir uns davor, es in die
Analyse einzuführen, verderben wir uns die Chance

nicht, einen solchen Fall zu finden. Nun bis jetzt hat
niemand von uns dieses Glück gehabt.

Ich weiß natürlich, daß unsere Anerkennung der
Sexualität – eingestandener oder uneingestandener
Maßen – das stärkste Motiv für die Feindseligkeit
der Anderen gegen die Analyse geworden ist. Kann
uns das irre machen? Es zeigt uns nur, wie neurotisch
unser ganzes Kulturleben ist, da sich die angeblich Normalen nicht viel anders benehmen als die Nervösen.
Zur Zeit als in gelehrten Gesellschaften Deutschlands
feierlich Gericht über die Psychoanalyse gehalten
wurde, – heute ist es wesentlich stiller geworden, –
beanspruchte ein Redner besondere Autorität, weil
er nach seiner Mitteilung auch die Kranken sich
äußern lasse. Offenbar in diagnostischer Absicht und
um die Behauptungen der Analytiker zu prüfen.
Aber, setzte er hinzu, wenn sie anfangen von sexuellen Dingen zu reden, dann verschließe ich ihnen den
Mund. Was denken Sie von einem solchen Beweis-
verfahren? Die gelehrte Gesellschaft jubelte dem
Redner Beifall zu, anstatt sich gebührender Weise
für ihn zu schämen. Nur die triumphierende Sicherheit, welche das Bewußtsein gemeinsamer Vorurteile
verleiht, kann die logische Sorglosigkeit dieses Redners
erklären. Jahre später haben einige meiner damaligen
Schüler dem Bedürfnis nachgegeben, die menschliche
Gesellschaft vom Joch der Sexualität, das ihr die
Psychoanalyse auferlegen will, zu befreien. Der eine

hat erklärt, das Sexuelle bedeute gar nicht die Sexualität, sondern etwas anderes, Abstraktes, Mystisches; ein zweiter gar, das Sexualleben sei nur eines der Gebiete, auf dem der Mensch das ihn [treibende Bedürfnis nach Macht und Herrschaft betätigen wolle. Sie haben sehr viel Beifall gefunden, für die nächste Zeit wenigstens.

„Da getraue ich mich aber doch einmal Partei zu nehmen. Es scheint mir sehr gewagt, zu behaupten, daß die Sexualität kein natürliches, ursprüngliches Bedürfnis der lebenden Wesen ist, sondern der Ausdruck für etwas anderes. Man braucht sich da nur an das Beispiel der Tiere zu halten."

Das macht nichts. Es gibt keine, noch so absurde Mixtur, die die Gesellschaft nicht bereitwillig schlucken würde, wenn sie nur als Gegenmittel gegen die gefürchtete Übermacht der Sexualität ausgerufen wird.

Ich gestehe Ihnen übrigens, daß mir die Abneigung, die Sie selbst verraten haben, dem sexuellen Moment eine so große Rolle in der Verursachung der Neurosen einzuräumen, mit Ihrer Aufgabe als Unparteiischer nicht gut verträglich scheint. Fürchten Sie nicht, daß Sie durch solche Antipathie in der Fällung eines gerechten Urteils gestört sein werden?

„Es tut mir leid, daß Sie das sagen. Ihr Vertrauen zu mir scheint erschüttert. Warum haben Sie dann nicht einen anderen zum Unparteiischen gewählt?"

Weil dieser andere auch nicht anders gedacht hätte als Sie. Wenn er aber von vorneherein bereit gewesen wäre, die Bedeutung des Geschlechtslebens anzuerkennen, so hätte alle Welt gerufen: Das ist ja kein Unparteiischer, das ist ja ein Anhänger von Ihnen. Nein, ich gebe die Erwartung keineswegs auf, Einfluß auf Ihre Meinungen zu gewinnen. Ich bekenne aber, dieser Fall liegt für mich anders als der vorhin behandelte. Bei den psychologischen Erörterungen mußte es mir gleich gelten, ob Sie mir Glauben schenken oder nicht, wenn Sie nur den Eindruck bekommen, es handle sich um rein psychologische Probleme. Diesmal, bei der Frage der Sexualität, möchte ich doch, daß Sie der Einsicht zugänglich werden, Ihr stärkstes Motiv zum Widerspruch sei eben die mitgebrachte Feindseligkeit, die Sie mit so vielen anderen teilen.

„Es fehlt mir doch die Erfahrung, welche Ihnen eine so unerschütterliche Sicherheit geschaffen hat."

Gut, ich darf jetzt in meiner Darstellung fortfahren. Das Geschlechtsleben ist nicht nur eine Pikanterie, sondern auch ein ernsthaftes wissenschaftliches Problem. Es gab da viel Neues zu erfahren, viel Sonderbares zu erklären. Ich sagte Ihnen schon, daß die Analyse bis in die frühen Kindheitsjahre des Patienten zurückgehen mußte, weil in diesen Zeiten und während der Schwäche des Ichs die entscheidenden Verdrängungen vorgefallen sind. In der Kindheit gibt es aber doch gewiß kein Geschlechtsleben, das hebt erst mit der Pubertätszeit an? Im Gegenteile, wir hatten die Entdeckung zu machen, daß die sexuellen Triebregungen das Leben von der Geburt an begleiten, und daß es gerade diese Triebe sind, zu deren Abwehr das infantile Ich die Verdrängungen vornimmt. Ein merkwürdiges Zusammentreffen, nicht wahr, daß schon das kleine Kind sich gegen die Macht der Sexualität sträubt, wie später der Redner in der gelehrten Gesellschaft und noch später meine Schüler, die ihre eigenen Theorien aufstellen? Wie das zugeht? Die allgemeinste Auskunft wäre, daß unsere Kultur überhaupt auf Kosten der Sexualität aufgebaut wird, aber es ist viel anderes darüber zu sagen.

Die Entdeckung der kindlichen Sexualität gehört zu jenen Funden, deren man sich zu schämen hat. Einige Kinderärzte haben immer darum gewußt, wie es scheint, auch einige Kinderpflegerinnen. Geistreiche Männer, die sich Kinderpsychologen heißen, haben dann in vorwurfsvollem Ton von einer „Entharmlosung der Kindheit" gesprochen. Immer wieder Sentimente an Stelle von Argumenten! In unseren politischen Körperschaften sind solche Vorkommnisse alltäglich. Irgendwer von der Opposition steht auf und denunziert eine Mißwirtschaft in der Verwaltung, Armee, Justiz und dergleichen. Darauf erklärt ein anderer, am liebsten einer von der Regierung, solche Konstatierungen beleidigen das staatliche, militärische, dynastische oder gar das nationale Ehrgefühl. Sie seien also so gut wie nicht wahr. Diese Gefühle vertragen keine Beleidigung.

Das Geschlechtsleben des Kindes ist natürlich ein anderes als das des Erwachsenen. Die Sexualfunktion macht von ihren Anfängen bis zu der uns so vertrauten Endgestaltung eine komplizierte Entwicklung durch. Sie wächst aus zahlreichen Partialtrieben mit besonderen Zielen zusammen, durchläuft mehrere Phasen der Organisation, bis sie sich endlich in den Dienst der Fortpflanzung stellt. Von den einzelnen Partialtrieben sind nicht alle für den Endausgang gleich brauchbar, sie müssen abgelenkt, umgemodelt, zum Teil unterdrückt werden. Eine so weitläufige Entwicklung wird nicht immer tadellos durchgemacht, es kommt zu Entwicklungshemmungen, partiellen Fixierungen auf frühen Entwicklungsstufen; wo sich später der Ausübung der Sexualfunktion Hindernisse entgegenstellen, weicht das sexuelle Streben – die Libido, wie wir sagen – gern auf solche frühere Fixierungsstellen zurück. Das Studium der kindlichen Sexualität und ihrer Umwandlungen bis zur Reife hat uns auch den Schlüssel zum Verständnis der sogenannten sexuellen Perversionen gegeben, die man immer mit allen geforderten Anzeichen des Abscheus zu beschreiben pflegte, deren Entstehung man aber nicht aufklären konnte. Das ganze Gebiet ist ungemein in-

4*

teressant, es hat nur für die Zwecke unserer Unter-
redungen nicht viel Sinn, wenn ich Ihnen mehr davon
erzähle. Man braucht, um sich hier zurechtzufinden,
natürlich anatomische und physiologische Kenntnisse,
die leider nicht sämtlich in der medizinischen Schule
zu erwerben sind, aber eine Vertrautheit mit Kulturgeschichte und Mythologie ist ebenso unerläßlich.

„Nach alledem kann ich mir vom Geschlechtsleben
des Kindes doch keine Vorstellung machen."

So will ich noch länger bei dem Thema verweilen;
es fällt mir ohnedies nicht leicht, mich davon loszu-
reißen. Hören Sie, das Merkwürdigste am Geschlechtsleben des Kindes scheint mir, daß es seine ganze,
sehr weitgehende Entwicklung in den ersten fünf
Lebensjahren durchläuft; von da an bis zur Pubertät
erstreckt sich die sogenannte Latenzzeit, in der – nor-
maler Weise – die Sexualität keine Fortschritte macht,
die sexuellen Strebungen im Gegenteil an Stärke
nachlassen und vieles aufgegeben und vergessen wird,
was das Kind schon geübt oder gewußt hatte. In
dieser Lebensperiode, nachdem die Frühblüte des
Geschlechtslebens abgewelkt ist, bilden sich jene Einstellungen des Ichs heraus, die wie Scham, Ekel, Moralität dazu bestimmt sind, dem späteren Pubertäts-
sturm standzuhalten und dem neu erwachenden sexuellen Begehren die Bahnen zu weisen. Dieser sogenannte zweizeitige Ansatz des Sexuallebens hat sehr viel mit der Entstehung der nervösen

Erkrankungen zu tun. Er scheint sich nur beim Menschen zu finden, vielleicht ist er eine der Bedingungen des menschlichen Vorrechtes, neurotisch zu werden. Die Vorzeit des Geschlechtslebens ist vor der Psychoanalyse ebenso übersehen worden, wie auf anderem Gebiet der Hintergrund des bewußten Seelenlebens. Sie werden mit Recht vermuten, daß beide auch innig zusammengehören.

Von den Inhalten, Äußerungen und Leistungen dieser Frühzeit der Sexualität wäre sehr viel zu berichten, worauf die Erwartung nicht vorbereitet ist. Zum Beispiel: Sie werden gewiß erstaunt sein zu hören, daß sich das Knäblein so häufig davor ängstigt, vom Vater aufgefressen zu werden. (Wundern Sie sich nicht auch, daß ich diese Angst unter die Äußerungen des Sexuallebens versetze?) Aber ich darf Sie an die mythologische Erzählung erinnern, die Sie vielleicht aus Ihren Schuljahren noch nicht vergessen haben, daß auch der Gott Kronos seine Kinder verschlingt. Wie sonderbar muß Ihnen dieser Mythus erschienen sein, als Sie zuerst von ihm hörten! Aber ich glaube, wir haben uns alle damals nichts dabei gedacht. Heute können wir auch mancher Märchen gedenken, in denen ein fressendes Tier, wie der Wolf, auftritt, und werden in diesem eine Verkleidung des Vaters erkennen. Ich ergreife diese Gelegenheit, um Ihnen zu versichern, daß Mythologie und Märchenwelt überhaupt erst durch die Kenntnis des kindlichen

Sexuallebens verständlich werden. Es ist das so ein
Nebengewinn der analytischen Studien.

Nicht minder groß wird Ihre Überraschung sein
zu hören, daß das männliche Kind unter der Angst
leidet, vom Vater seines Geschlechtsgliedes beraubt
zu werden, so daß diese Kastrationsangst den stärk-
sten Einfluß auf seine Charakterentwicklung und die
Entscheidung seiner geschlechtlichen Richtung nimmt.
Auch hier wird Ihnen die Mythologie Mut machen, der
Psychoanalyse zu glauben. Derselbe Kronos, der
seine Kinder verschlingt, hatte auch seinen Vater Ura-
nos entmannt und ist dann zur Vergeltung von
seinem durch die List der Mutter geretteten Sohn
Zeus entmannt worden. Wenn Sie zur Annahme ge-
neigt haben, daß alles, was die Psychoanalyse von
der frühzeitigen Sexualität der Kinder erzählt, aus
der wüsten Phantasie der Analytiker stammt, so
geben Sie doch wenigstens zu, daß diese Phantasie
dieselben Produktionen geschaffen hat wie die Phan-
tasietätigkeit der primitiven Menschheit, von der
Mythen und Märchen der Niederschlag sind. Die andere, freundlichere und wahrscheinlich auch zutreffen-
dere Auffassung wäre, daß im Seelenleben des Kindes noch heute dieselben archaischen Momente nachweisbar sind, die einst in den Urzeiten der menschlichen Kultur allgemein geherrscht haben. Das Kind
würde in seiner seelischen Entwicklung die Stammes-
geschichte in abkürzender Weise wiederholen, wie

es die Embryologie längst für die körperliche Entwicklung erkannt hat.

Ein weiterer Charakter der frühkindlichen Sexualität ist, daß das eigentlich weibliche Geschlechtsglied
in ihr noch keine Rolle spielt – es ist für das Kind
noch nicht entdeckt. Aller Akzent fällt auf das männliche Glied, alles Interesse richtet sich darauf, ob dies
vorhanden ist oder nicht. Vom Geschlechtsleben des
kleinen Mädchens wissen wir weniger als von dem
des Knaben. Wir brauchen uns dieser Differenz nicht
zu schämen ; ist doch auch das Geschlechtsleben des
erwachsenen Weibes ein *dark continent* für die
Psychologie. Aber wir haben erkannt, daß das Mädchen den Mangel eines dem männlichen gleichwertigen
Geschlechtsgliedes schwer empfindet, sich darum für
minderwertig hält, und daß dieser „Penisneid" einer
ganzen Reihe charakteristisch weiblicher Reaktionen
den Ursprung gibt.

Dem Kind eigen ist es auch, daß die beiden ex-
krementellen Bedürfnisse mit sexuellem Interesse be-
setzt sind. Die Erziehung setzt später eine scharfe
Scheidung durch, die Praxis der Witze hebt sie wieder
auf. Das mag uns unappetitlich scheinen, aber es
braucht bekanntlich beim Kind eine ganze Zeit, bis
sich der Ekel einstellt. Das haben auch die nicht ge-
leugnet, die sonst für die seraphische Reinheit der
Kinderseele eintreten.

Keine andere Tatsache hat aber mehr Anspruch

auf unsere Beachtung, als daß das Kind seine sexuellen Wünsche regelmäßig auf die ihm verwandt-
schaftlich nächsten Personen richtet, also in erster
Linie auf Vater und Mutter, in weiterer Folge auf
seine Geschwister. Für den Knaben ist die Mutter das
erste Liebesobjekt, für das Mädchen der Vater, soweit nicht eine bisexuelle Anlage auch gleichzeitig die
gegenteilige Einstellung begünstigt. Der andere Elternteil wird als störender Rivale empfunden und nicht
selten mit starker Feindseligkeit bedacht. Verstehen
Sie mich recht, ich will nicht sagen, daß das Kind sich
nur jene Art von Zärtlichkeit vom bevorzugten Elternteil wünscht, in der wir Erwachsene so gern das
Wesen der Eltern-Kind-Beziehung sehen. Nein, die
Analyse läßt keinen Zweifel darüber, daß die Wünsche
des Kindes über diese Zärtlichkeit hinaus alles an-
streben, was wir als sinnliche Befriedigung begreifen,
soweit eben das Vorstellungsvermögen des Kindes
reicht. Es ist leicht zu verstehen, daß das Kind den
wirklichen Sachverhalt der Vereinigung der Geschlechter niemals errät, es setzt dafür andere aus seinen
Erfahrungen und Empfindungen abgeleitete Vorstellungen ein. Gewöhnlich gipfeln seine Wünsche in
der Absicht, ein Kind zu gebären oder – in unbe-
stimmbarer Weise – zu zeugen. Von dem Wunsche,
ein Kind zu gebären, schließt sich in seiner Unwissenheit auch der Knabe nicht aus. Diesen ganzen
seelischen Aufbau heißen wir nach der bekannten

griechischen Sage den Oedipuskomplex. Er soll
normalerweise mit dem Ende der sexuellen Frühzeit
verlassen, gründlich abgebaut und umgewandelt
werden und die Ergebnisse dieser Verwandlung sind
zu großen Leistungen im späteren Seelenleben bestimmt. Aber es geschieht in der Regel nicht gründlich genug und die Pubertät ruft dann eine Wieder-
belebung des Komplexes hervor, die schwere Folgen
haben kann.

Ich wundere mich, daß Sie noch schweigen. Das
kann kaum Zustimmung bedeuten. – Wenn die Analyse behauptet, die erste Objektwahl des Kindes sei
eine inzestuöse, um den technischen Namen zu
gebrauchen, so hat sie gewiß wieder die heiligsten
Gefühle der Menschheit gekränkt und darf auf das
entsprechende Ausmaß von Unglauben, Widerspruch
und Anklage gefaßt sein. Die sind ihr auch reichlich
zuteil geworden. Nichts anderes hat ihr in der Gunst
der Zeitgenossen mehr geschadet als die Aufstellung
des Oedipuskomplexes als einer allgemein menschlichen, schicksalgebundenen Formation. Der griechische
Mythus muß allerdings dasselbe gemeint haben, aber
die Überzahl der heutigen Menschen, gelehrter wie
ungelehrter, zieht es vor zu glauben, daß die Natur
einen angeborenen Abscheu als Schutz gegen die
Inzestmöglichkeit eingesetzt hat.

Zunächst soll uns die Geschichte zu Hilfe kommen.
Als C. Julius Caesar Ägypten betrat, fand er die ju-

gendliche Königin Kleopatra, die ihm bald so bedeutungsvoll werden sollte, vermählt mit ihrem noch jüngeren Bruder Ptolemäus. Das war in der ägyptischen Dynastie nichts Besonderes; die ursprünglich griechischen Ptolemäer hatten nur den Brauch fortgesetzt, den seit einigen Jahrtausenden ihre Vorgänger, die alten Pharaonen, geübt hatten. Aber das ist ja nur Geschwisterinzest, der noch in der Jetztzeit milder beurteilt wird. Wenden wir uns darum an unsere Kronzeugin für die Verhältnisse der Urzeit, die Mythologie. Sie hat uns zu berichten, daß die Mythen aller Völker, nicht nur der Griechen, überreich sind an Liebesbeziehungen zwischen Vater und Tochter und selbst Mutter und Sohn. Die Kosmologie wie die Genealogie der königlichen Geschlechter ist auf dem Inzest begründet. In welcher Absicht, meinen Sie, sind diese Dichtungen geschaffen worden? Um Götter und Könige als Verbrecher zu brandmarken, den Abscheu des Menschengeschlechts auf sie zu lenken? Eher doch, weil die Inzestwünsche uraltes menschliches Erbgut sind und niemals völlig überwunden wurden, so daß man ihre Erfüllung den Göttern und ihren Abkömmlingen noch gönnte, als die Mehrheit der gewöhnlichen Menschenkinder bereits darauf verzichten mußte. Im vollsten Einklang mit diesen Lehren der Geschichte und der Mythologie finden wir den Inzestwunsch in der Kindheit des Einzelnen noch heute vorhanden und wirksam.

„Ich könnte es Ihnen übelnehmen, daß Sie mir all das über die kindliche Sexualität vorenthalten wollten. Es scheint mir gerade wegen seiner Beziehungen zur menschlichen Urgeschichte sehr interessant."

Ich fürchtete, es würde uns zu weit von unserer Absicht abführen. Aber vielleicht wird es doch seinen Vorteil haben.

„Nun sagen Sie mir aber, welche Sicherheit haben Sie für Ihre analytischen Resultate über das Sexualleben der Kinder zu geben? Ruht Ihre Überzeugung allein auf den Übereinstimmungen mit Mythologie und Historie?"

Oh, keineswegs. Sie ruht auf unmittelbarer Beobachtung. Es ging so zu: Wir hatten zunächst den Inhalt der sexuellen Kindheit aus den Analysen Erwachsener, also zwanzig bis vierzig Jahre später, erschlossen. Später haben wir die Analysen an den Kindern selbst unternommen, und es war kein geringer Triumph, als sich an ihnen alles so bestätigen ließ, wie wir es trotz der Überlagerungen und Entstellungen der Zwischenzeit erraten hatten.

„Wie, Sie haben kleine Kinder in Analyse genommen, Kinder im Alter vor sechs Jahren? Geht das überhaupt und ist es nicht für diese Kinder recht bedenklich?"

Es geht sehr gut. Es ist kaum zu glauben, was in einem solchen Kind von vier bis fünf Jahren schon

alles vorgeht. Die Kinder sind geistig sehr regsam in
diesem Alter, die sexuelle Frühzeit ist für sie auch
eine intellektuelle Blüteperiode. Ich habe den Eindruck, daß sie mit dem Eintritt in die Latenzzeit auch
geistig gehemmt, dümmer, werden. Viele Kinder ver-
lieren auch von da an ihren körperlichen Reiz. Und
was den Schaden der Frühanalyse betrifft, so kann
ich Ihnen berichten, daß das erste Kind, an dem dies
Experiment vor nahezu zwanzig Jahren gewagt wurde,
seither ein gesunder und leistungsfähiger junger Mann
geworden ist, der seine Pubertät trotz schwerer psychischer Traumen klaglos durchgemacht hat. Den anderen „Opfern" der Frühanalyse wird es hoffentlich
nicht schlechter ergehen. An diese Kinderanalysen
knüpfen sich mancherlei Interessen; es ist möglich, daß
sie in der Zukunft zu noch größerer Bedeutung kommen
werden. Ihr Wert für die Theorie steht ja außer
Frage. Sie geben unzweideutige Auskünfte über Fragen, die in den Analysen Erwachsener unentschieden
bleiben, und schützen den Analytiker so vor Irrtümern,
die für ihn folgenschwer wären. Man überrascht eben
die Momente, welche die Neurose gestalten, bei ihrer
Arbeit und kann sie nicht verkennen. Im Interesse
des Kindes muß allerdings die analytische Beeinflussung mit erzieherischen Maßnahmen verquickt
werden. Diese Technik harrt noch ihrer Ausgestal-
tung. Ein praktisches Interesse wird aber durch die
Beobachtung geweckt, daß eine sehr große Anzahl

unserer Kinder in ihrer Entwicklung eine deutlich neurotische Phase durchmachen. Seitdem wir schärfer zu sehen verstehen, sind wir versucht zu sagen, die Kinderneurose sei nicht die Ausnahme, sondern die Regel, als ob sie sich auf dem Weg von der infantilen Anlage bis zur gesellschaftlichen Kultur kaum vermeiden ließe. In den meisten Fällen wird diese neurotische Anwandlung der Kinderjahre spontan überwunden; ob sie nicht doch regelmäßig ihre Spuren auch beim durchschnittlich Gesunden hinterläßt? Hingegen vermissen wir bei keinem der späteren Neurotiker die Anknüpfung an die kindliche Erkrankung, die ihrerzeit nicht sehr auffällig gewesen zu sein braucht. In ganz analoger Weise, glaube ich, behaupten heute die Internisten, daß jeder Mensch einmal in seiner Kindheit eine Erkrankung an Tuberkulose durchgemacht hat. Für die Neurosen kommt allerdings der Gesichtspunkt der Impfung nicht in Betracht, nur der der Prädisposition.

Ich will zu Ihrer Frage nach den Sicherheiten zurückkehren. Wir haben uns also ganz allgemein durch die direkte analytische Beobachtung der Kinder überzeugt, daß wir die Mitteilungen der Erwachsenen über ihre Kinderzeit richtig gedeutet hatten. In einer Reihe von Fällen ist uns aber noch eine andere Art der Bestätigung möglich geworden. Wir hatten aus dem Material der Analyse gewisse äußere Vorgänge, eindrucksvolle Ereignisse der Kinderjahre rekon-

struiert, von denen die bewußte Erinnerung der
Kranken nichts bewahrt hatte, und glückliche Zufälle,
Erkundigungen bei Eltern und Pflegepersonen haben
uns dann den unwiderleglichen Beweis erbracht, daß
diese erschlossenen Begebenheiten sich wirklich so
zugetragen hatten. Das gelang natürlich nicht sehr
oft, aber wo es eintraf, machte es einen über-
wältigenden Eindruck. Sie müssen wissen, die richtige
Rekonstruktion solcher vergessenen Kindererlebnisse
hat immer einen großen therapeutischen Effekt, ob sie
nun eine objektive Bestätigung zulassen oder nicht.
Ihre Bedeutung verdanken diese Begebenheiten natürlich dem Umstand, daß sie so früh vorgefallen sind, zu
einer Zeit, da sie auf das schwächliche Ich noch trau-
matisch wirken konnten.

„Um was für Ereignisse kann es sich da handeln,
die man durch die Analyse aufzufinden hat?"

Um Verschiedenartiges. In erster Linie um Eindrücke, die imstande waren, das keimende Sexualleben
des Kindes dauernd zu beeinflussen, wie Beobachtungen
geschlechtlicher Vorgänge zwischen Erwachsenen
oder eigene sexuelle Erfahrungen mit einem Erwachsenen oder einem anderen Kind, – gar nicht so
seltene Vorfälle, – des weiteren um Mitanhören von
Gesprächen, die das Kind damals oder erst nachträglich
verstand, aus denen es Aufschluß über geheimnis-
volle oder unheimliche Dinge zu entnehmen glaubte,
ferner Äußerungen und Handlungen des Kindes

selbst, die eine bedeutsame zärtliche oder feindselige Einstellung desselben gegen andere Personen beweisen. Eine besondere Wichtigkeit hat es in der Analyse, die vergessene eigene Sexualbetätigung des Kindes erinnern zu lassen und dazu die Einmengung der Erwachsenen, welche derselben ein Ende setzte.

„Das ist jetzt für mich der Anlaß, eine Frage vorzubringen, die ich längst stellen wollte. Worin besteht also die ‚Sexualbetätigung' des Kindes während dieser Frühzeit, die man, wie Sie sagen, vor der Zeit der Analyse übersehen hatte?"

Das Regelmäßige und Wesentliche an dieser Sexualbetätigung hatte man merkwürdigerweise doch nicht übersehen; das heißt, es ist gar nicht merkwürdig, es war eben nicht zu übersehen. Die sexuellen Regungen des Kindes finden ihren hauptsächlichsten Ausdruck in der Selbstbefriedigung durch Reizung der eigenen Genitalien, in Wirklichkeit des männlichen Anteils derselben. Die außerordentliche Verbreitung dieser kindlichen „Unart" war den Erwachsenen immer bekannt, diese selbst wurde als schwere Sünde betrachtet und strenge verfolgt. Wie man diese Beobachtung von den unsittlichen Neigungen der Kinder – denn die Kinder tun dies, wie sie selbst sagen, weil es ihnen Vergnügen macht – mit der Theorie von ihrer angeborenen Reinheit und Unsinnlichkeit vereinigen konnte, danach fragen Sie mich nicht. Dieses Rätsel lassen Sie sich von der Gegen-

seite aufklären. Für uns stellt sich ein wichtigeres
Problem her. Wie soll man sich gegen die Sexualbetätigung der frühen Kindheit verhalten? Man
kennt die Verantwortlichkeit, die man durch ihre
Unterdrückung auf sich nimmt, und getraut sich
doch nicht, sie uneingeschränkt gewähren zu lassen.
Bei Völkern niedriger Kultur und in den unteren
Schichten der Kulturvölker scheint die Sexualität der
Kinder freigegeben zu sein. Damit ist wahrscheinlich
ein starker Schutz gegen die spätere Erkrankung an
individuellen Neurosen erzielt worden, aber nicht
auch gleichzeitig eine außerordentliche Einbuße an
der Eignung zu kulturellen Leistungen? Manches
spricht dafür, daß wir hier vor einer neuen Scylla
und Charybdis stehen.

Ob aber die Interessen, die durch das Studium
des Sexuallebens bei den Neurotikern angeregt
werden, eine für die Erweckung der Lüsternheit gün-
stige Atmosphäre schaffen, getraue ich mich doch
Ihrem eigenen Urteil zu überlassen.

V

„Ich glaube, Ihre Absicht zu verstehen. Sie wollen mir zeigen, was für Kenntnisse man für die Ausübung der Analyse braucht, damit ich urteilen kann, ob der Arzt allein zu ihr berechtigt sein soll. Nun, bisher ist wenig Ärztliches vorgekommen, viel Psychologie und ein Stück Biologie oder Sexualwissenschaft. Aber vielleicht haben wir noch nicht das Ende gesehen?"

Gewiß nicht, es bleiben noch Lücken auszufüllen. Darf ich Sie um etwas bitten? Wollen Sie mir schildern, wie Sie sich jetzt eine analytische Behandlung vorstellen? So, als ob Sie sie selbst vorzunehmen hätten?

„Nun, das kann gut werden. Ich habe wirklich nicht die Absicht, unsere Streitfrage durch ein solches Experiment zu entscheiden. Aber ich will Ihnen den Gefallen tun, die Verantwortlichkeit fiele ja auf Sie. Also ich nehme an, der Kranke kommt zu mir und beklagt sich über seine Beschwerden. Ich verspreche ihm Heilung oder Besserung, wenn er meinen Anweisungen folgen will. Ich fordere ihn auf, mir in vollster Aufrichtigkeit alles zu sagen, was er weiß und was ihm einfällt, und sich von diesem Vorsatz nicht abhalten zu lassen, auch wenn manches ihm zu sagen unangenehm sein sollte. Habe ich mir diese Regel gut gemerkt?"

Ja, Sie sollten noch hinzufügen, auch wenn er meint, daß das, was ihm einfällt, unwichtig oder unsinnig ist.

„Auch das. Dann beginnt er zu erzählen und ich höre zu. Ja und dann? Aus seinen Mitteilungen errate ich, was er für Eindrücke, Erlebnisse, Wunschregungen verdrängt hat, weil sie ihm zu einer Zeit entgegengetreten sind, als sein Ich noch schwach war und sich vor ihnen fürchtete, anstatt sich mit ihnen abzugeben. Wenn er das von mir erfahren hat, versetzt er sich in die Situationen von damals und macht es jetzt mit meiner Hilfe besser. Dann verschwinden die Einschränkungen, zu denen sein Ich genötigt war, und er ist hergestellt. Ist es so recht?"

Bravo, bravo! Ich sehe, man wird mir wieder den Vorwurf machen können, daß ich einen Nichtarzt zum Analytiker ausgebildet habe. Sie haben sich das sehr gut zu eigen gemacht.

„Ich habe nur wiederholt, was ich von Ihnen gehört habe, wie wenn man etwas Auswendiggelerntes hersagt. Ich kann mir ja doch nicht vorstellen, wie ich's machen würde, und verstehe gar nicht, warum eine solche Arbeit soviele Monate hindurch täglich eine Stunde brauchen sollte. Ein gewöhnlicher Mensch hat doch in der Regel nicht soviel erlebt, und was in der Kindheit verdrängt wird, das ist doch wahrscheinlich in allen Fällen das nämliche."

Man lernt noch allerlei bei der wirklichen Ausübung der Analyse. Zum Beispiel: Sie würden es gar nicht so einfach finden, aus den Mitteilungen, die der Patient macht, auf die Erlebnisse zu schließen, die er vergessen, die Triebregungen, die er verdrängt hat. Er sagt Ihnen irgend etwas, was zunächst für Sie ebensowenig Sinn hat wie für ihn. Sie werden sich entschließen müssen, das Material, das Ihnen der Analysierte im Gehorsam gegen die Regel liefert, in einer ganz besonderen Weise aufzufassen. Etwa wie ein Erz, dem der Gehalt an wertvollem Metall durch bestimmte Prozesse abzugewinnen ist. Sie sind dann auch vorbereitet, viele Tonnen Erz zu verarbeiten, die vielleicht nur wenig von dem gesuchten kostbaren Stoff enthalten. Hier wäre die erste Begründung für die Weitläufigkeit der Kur.

„Wie verarbeitet man aber diesen Rohstoff, um in Ihrem Gleichnis zu bleiben?"

Indem man annimmt, daß die Mitteilungen und Einfälle des Kranken nur Entstellungen des Gesuchten sind, gleichsam Anspielungen, aus denen Sie zu erraten haben, was sich dahinter verbirgt. Mit einem Wort, Sie müssen dieses Material, seien es Erinnerungen, Einfälle oder Träume, erst d e u t e n. Das

5*

geschieht natürlich mit Hinblick auf die Erwartungen,
die sich in Ihnen dank Ihrer Sachkenntnis, während
Sie zuhörten, gebildet haben.
„Deuten! Das ist ein garstiges Wort. Das höre
ich nicht gerne, damit bringen Sie mich um alle Sicherheit. Wenn alles von meiner Deutung abhängt, wer steht
mir dafür ein, daß ich richtig deute? Dann ist doch
alles meiner Willkür überlassen.“
Gemach, es steht nicht so schlimm. Warum
wollen Sie Ihre eigenen seelischen Vorgänge von der
Gesetzmäßigkeit ausnehmen, die Sie für die des anderen anerkennen? Wenn Sie eine gewisse Selbst-
zucht gewonnen haben und über bestimmte Kenntnisse verfügen, werden Ihre Deutungen von Ihren
persönlichen Eigenheiten unbeeinflußt sein und das
Richtige treffen. Ich sage nicht, daß für diesen
Teil der Aufgabe die Persönlichkeit des Analytikers
gleichgiltig ist. Es kommt eine gewisse Feinhörigkeit
für das unbewußte Verdrängte in Betracht, von der
nicht jeder das gleiche Maß besitzt. Und vor allem
knüpft hier die Verpflichtung für den Analytiker an,
sich durch tiefreichende eigene Analyse für die vor-
urteilslose Aufnahme des analytischen Materials taug-
lich zu machen. Eines bleibt freilich übrig, was der
„persönlichen Gleichung“ bei astronomischen Beobachtungen gleichzusetzen ist; dies individuelle Moment wird in der Psychoanalyse immer eine größere
Rolle spielen als anderswo. Ein abnormer Mensch

mag ein korrekter Physiker werden können, als Analytiker wird er durch seine eigene Abnormität behindert sein, die Bilder des seelischen Lebens ohne Verzerrung zu erfassen. Da man niemand seine Abnormität beweisen kann, wird eine allgemeine Übereinstimmung in den Dingen der Tiefenpsychologie besonders schwer zu erreichen sein. Manche Psychologen meinen sogar, dies sei ganz aussichtslos und jeder Narr habe das gleiche Recht, seine Narrheit für Weisheit auszugeben. Ich bekenne, ich bin hierin optimistischer. Unsere Erfahrungen zeigen doch, daß auch in der Psychologie ziemlich befriedigende Übereinstimmungen zu erreichen sind. Jedes Forschungsgebiet hat eben seine besondere Schwierigkeit, die zu eliminieren wir uns bemühen müssen. Übrigens ist auch in der Deutungskunst der Analyse manches wie ein anderer Wissensstoff zu erlernen, zum Beispiel, was mit der eigentümlichen indirekten Darstellung durch Symbole zusammenhängt.

„Nun, ich habe keine Lust mehr, auch nur in Gedanken eine analytische Behandlung zu unternehmen. Wer weiß, was für Überraschungen da noch auf mich warten würden."

Sie tun recht daran, eine solche Absicht aufzugeben. Sie merken, wieviel Schulung und Übung noch erforderlich wäre. Wenn Sie die richtigen Deutungen gefunden haben, stellt sich eine neue Aufgabe her. Sie müssen den richtigen Moment abwarten, um dem

Patienten Ihre Deutung mit Aussicht auf Erfolg mit-
zuteilen.

„Woran erkennt man jedesmal den richtigen
Moment?"

Das ist Sache eines Takts, der durch Erfahrung
sehr verfeinert werden kann. Sie begehen einen
schweren Fehler, wenn Sie etwa im Bestreben, die
Analyse zu verkürzen, dem Patienten Ihre Deutungen an den Kopf werfen, sobald Sie sie gefunden
haben. Sie erzielen damit bei ihm Äußerungen von
Widerstand, Ablehnung, Entrüstung, erreichen es
aber nicht, daß sein Ich sich des Verdrängten be-
mächtigt. Die Vorschrift ist, zu warten, bis er sich
diesem soweit angenähert hat, daß er unter der An-
leitung Ihres Deutungsvorschlages nur noch wenige
Schritte zu machen braucht.

„Ich glaube, das würde ich nie erlernen. Und
wenn ich diese Vorsichten bei der Deutung befolgt
habe, was dann?"

Dann ist es Ihnen bestimmt, eine Entdeckung
zu machen, auf die Sie nicht vorbereitet sind.

„Die wäre?"

Daß Sie sich in Ihrem Patienten getäuscht haben,
daß Sie gar nicht auf seine Mithilfe und Gefügigkeit
rechnen dürfen, daß er bereit ist, der gemeinsamen
Arbeit alle möglichen Schwierigkeiten in den Weg zu
legen, mit einem Wort: daß er überhaupt nicht
gesund werden will.

„Nein, das ist das Tollste, das Sie mir bisher erzählt haben! Ich glaube es auch nicht. Der Kranke, der so schwer leidet, der so ergreifend über seine Beschwerden klagt, der so große Opfer für die Behandlung bringt, der soll nicht gesund werden wollen! Sie meinen es auch gewiß nicht so."

Fassen Sie sich, ich meine es. Was ich sagte, ist die Wahrheit, nicht die ganze freilich, aber ein sehr beachtenswertes Stück derselben. Der Kranke will allerdings gesund werden, aber er will es auch nicht. Sein Ich hat seine Einheit verloren, darum bringt er auch keinen einheitlichen Willen auf. Er wäre kein Neurotiker, wenn er anders wäre.

„Wär' ich besonnen, hieß ich nicht der Tell."

Die Abkömmlinge des Verdrängten sind in sein Ich durchgebrochen, behaupten sich darin, und über die Strebungen dieser Herkunft hat das Ich so wenig Herrschaft wie über das Verdrängte selbst, weiß auch für gewöhnlich nichts von ihnen. Diese Kranken sind eben von einer besonderen Art und machen Schwierigkeiten, mit denen wir nicht zu rechnen gewohnt sind. Alle unsere sozialen Institutionen sind auf Personen mit einheitlichem, normalem Ich zugeschnitten, das man als gut oder böse klassifizieren kann, das entweder seine Funktion versieht oder durch einen übermächtigen Einfluß ausgeschaltet ist. Daher die gerichtliche Alternative: verantwortlich oder unverantwortlich. Auf die Neurotiker passen alle diese Entscheidungen

nicht. Man muß gestehen, es ist schwer, die sozialen
Anforderungen ihrem psychologischen Zustand anzu-
passen. Im großen Maßstab hat man das im letzten
Krieg erfahren. Waren die Neurotiker, die sich dem
Dienst entzogen, Simulanten oder nicht? Sie waren
beides. Wenn man sie wie Simulanten behandelte und
ihnen das Kranksein recht unbehaglich machte, wurden sie gesund; wenn man die angeblich Hergestellten
in den Dienst schickte, flüchteten sie prompt wieder
in die Krankheit. Es war mit ihnen nichts anzufangen.
Und das nämliche ist mit den Neurotikern des zivilen
Lebens. Sie klagen über ihre Krankheit, aber sie
nützen sie nach Kräften aus, und wenn man sie ihnen
nehmen will, verteidigen sie sie wie die sprichwört-
liche Löwin ihr Junges, ohne daß es einen Sinn hätte,
ihnen aus diesem Widerspruch einen Vorwurf zu
machen.

„Aber, wäre es dann nicht das Beste, wenn man diese
schwierigen Leute gar nicht behandelte, sondern sich
selbst überließe? Ich kann nicht glauben, daß es der
Mühe lohnt, auf jeden einzelnen dieser Kranken so
viel Anstrengung zu verwenden, wie ich nach Ihren
Andeutungen annehmen muß."

Ich kann Ihren Vorschlag nicht gutheißen. Es ist
gewiß richtiger, die Komplikationen des Lebens zu
akzeptieren, anstatt sich gegen sie zu sträuben. Nicht
jeder der Neurotiker, den wir behandeln, mag des
Aufwandes der Analyse würdig sein, aber es sind

doch auch sehr wertvolle Personen unter ihnen. Wir müssen uns das Ziel setzen, zu erreichen, daß möglichst wenig menschliche Individuen mit so mangelhafter seelischer Ausrüstung dem Kulturleben entgegentreten, und darum müssen wir viel Erfahrungen sammeln, viel verstehen lernen. Jede Analyse kann instruktiv sein, uns Gewinn an neuen Aufklärungen bringen, ganz abgesehen vom persönlichen Wert der einzelnen Kranken.

„Wenn sich aber im Ich des Kranken eine Willensregung gebildet hat, welche die Krankheit behalten will, so muß sich diese auch auf Gründe und Motive berufen, sich durch etwas rechtfertigen können. Es ist aber gar nicht einzusehen, wozu ein Mensch krank sein wollte, was er davon hat."

Oh doch, das liegt nicht so ferne. Denken Sie an die Kriegsneurotiker, die eben keinen Dienst zu leisten brauchen, weil sie krank sind. Im bürgerlichen Leben kann die Krankheit als Schutz gebraucht werden, um seine Unzulänglichkeit im Beruf und in der Konkurrenz mit anderen zu beschönigen, in der Familie als Mittel, um die anderen zu Opfern und Liebesbeweisen zu zwingen oder ihnen seinen Willen aufzunötigen. Das liegt alles ziemlich oberflächlich, wir fassen es als „Krankheitsgewinn" zusammen; merkwürdig ist nur, daß der Kranke, sein Ich, von der ganzen Verkettung solcher Motive mit seinen folgerichtigen Handlungen doch nichts weiß. Man bekämpft

den Einfluß dieser Strebungen, indem man das Ich
nötigt, von ihnen Kenntnis zu nehmen. Es gibt aber
noch andere, tieferliegende Motive, am Kranksein
festzuhalten, mit denen man nicht so leicht fertig
wird. Ohne einen neuen Ausflug in die psychologische Theorie kann man diese letzteren aber nicht
verstehen.

„Erzählen Sie nur weiter, auf ein bißchen Theorie
mehr kommt es jetzt schon nicht an."

Als ich Ihnen das Verhältnis von Ich und Es aus-
einandersetzte, habe ich Ihnen ein wichtiges Stück
der Lehre vom seelischen Apparat unterschlagen. Wir
waren nämlich gezwungen anzunehmen, daß sich im
Ich selbst eine besondere Instanz differenziert hat,
die wir das Über-Ich heißen. Dieses Über-Ich hat eine
besondere Stellung zwischen dem Ich und dem Es. Es
gehört dem Ich an, teilt dessen hohe psychologische
Organisation, steht aber in besonders inniger Beziehung zum Es. Es ist in Wirklichkeit der Niederschlag
der ersten Objektbesetzungen des Es, der Erbe des
Ödipuskomplexes nach dessen Auflassung. Dieses
Über-Ich kann sich dem Ich gegenüberstellen, es wie
ein Objekt behandeln und behandelt es oft sehr
hart. Es ist für das Ich ebenso wichtig, mit dem Über-
Ich im Einvernehmen zu bleiben, wie mit dem Es.
Entzweiungen zwischen Ich und Über-Ich haben eine
große Bedeutung für das Seelenleben. Sie erraten
schon, daß das Über-Ich der Träger jenes Phänomens

ist, das wir Gewissen heißen. Für die seelische Gesundheit kommt sehr viel darauf an, daß das Über-Ich normal ausgebildet, das heißt genügend unpersönlich geworden sei. Gerade das ist beim Neurotiker, dessen Ödipuskomplex nicht die richtige Umwandlung erfahren hat, nicht der Fall. Sein Über-Ich steht dem Ich noch immer gegenüber wie der strenge Vater dem Kind, und seine Moralität betätigt sich in primitiver Weise darin, daß sich das Ich vom Über-Ich bestrafen läßt. Die Krankheit wird als Mittel dieser „Selbstbestrafung" verwendet, der Neurotiker muß sich so benehmen, als beherrschte ihn ein Schuldgefühl, welches zu seiner Befriedigung der Krankheit als Strafe bedarf.

„Das klingt wirklich sehr geheimnisvoll. Das Merkwürdigste daran ist, daß dem Kranken auch diese Macht seines Gewissens nicht zum Bewußtsein kommen soll."

Ja, wir fangen erst an, die Bedeutung all dieser wichtigen Verhältnisse zu würdigen. Deshalb mußte meine Darstellung so dunkel geraten. Ich kann nun fortsetzen. Wir heißen alle die Kräfte, die sich der Genesungsarbeit widersetzen, die „Widerstände" des Kranken. Der Krankheitsgewinn ist die Quelle eines solchen Widerstandes, das „unbewußte Schuldgefühl" repräsentiert den Widerstand des Über-Ichs, es ist der mächtigste und von uns gefürchtetste Faktor. Wir treffen in der Kur noch mit anderen Widerständen

zusammen. Wenn das Ich in der Frühzeit aus Angst
eine Verdrängung vorgenommen hat, so besteht diese
Angst noch fort und äußert sich nun als ein Widerstand, wenn das Ich an das Verdrängte herangehen
soll. Endlich kann man sich vorstellen, daß es nicht
ohne Schwierigkeiten abgeht, wenn ein Triebvorgang,
der durch Dezennien einen bestimmten Weg gegan-
gen ist, plötzlich den neuen Weg gehen soll, den man
ihm eröffnet hat. Das könnte man den Widerstand des
Es heißen. Der Kampf gegen alle diese Widerstände
ist unsere Hauptarbeit während der analytischen Kur,
die Aufgabe der Deutungen verschwindet dagegen.
Durch diesen Kampf und die Überwindung der Widerstände wird aber auch das Ich des Kranken so
verändert und gestärkt, daß wir seinem zukünftigen
Verhalten nach Beendigung der Kur mit Ruhe ent-
gegensehen dürfen. Anderseits verstehen Sie jetzt,
wozu wir die lange Behandlungsdauer brauchen. Die
Länge des Entwicklungsweges und die Reichhaltigkeit
des Materials sind nicht das Entscheidende. Es kommt
mehr darauf an, ob der Weg frei ist. Auf einer
Strecke, die man in Friedenszeiten in ein paar Eisen-
bahnstunden durchfliegt, kann eine Armee wochenlang
aufgehalten sein, wenn sie dort den Widerstand des
Feindes zu überwinden hat. Solche Kämpfe verbrau-
chen Zeit auch im seelischen Leben. Ich muß leider
konstatieren, alle Bemühungen, die analytische Kur
ausgiebig zu beschleunigen, sind bisher gescheitert. Der

beste Weg zu ihrer Abkürzung scheint ihre korrekte Durchführung zu sein.

„Wenn ich je Lust verspürt hätte, Ihnen ins Handwerk zu pfuschen und selbst eine Analyse an einem anderen zu versuchen, Ihre Mitteilungen über die Widerstände würden mich davon geheilt haben. Aber wie steht es mit dem besonderen persönlichen Einfluß, den Sie doch zugestanden haben? Kommt der nicht gegen die Widerstände auf?"

Es ist gut, daß Sie jetzt danach fragen. Dieser persönliche Einfluß ist unsere stärkste dynamische Waffe, er ist dasjenige, was wir neu in die Situation einführen und wodurch wir sie in Fluß bringen. Der intellektuelle Gehalt unserer Aufklärungen kann das nicht leisten, denn der Kranke, der alle Vorurteile der Umwelt teilt, brauchte uns so wenig zu glauben wie unsere wissenschaftlichen Kritiker. Der Neurotiker macht sich an die Arbeit, weil er dem Analytiker Glauben schenkt, und er glaubt ihm, weil er eine besondere Gefühlseinstellung zu der Person des Analytikers gewinnt. Auch das Kind glaubt nur jenen Menschen, denen es anhängt. Ich sagte Ihnen schon, wozu wir diesen besonders großen „suggestiven" Einfluß verwenden. Nicht zur Unterdrückung der Symptome, – das unterscheidet die analytische Methode von anderen Verfahren der Psychotherapie, – sondern als Triebkraft, um das Ich des Kranken zur Überwindung seiner Widerstände zu veranlassen.

„Nun, und wenn das gelingt, geht dann nicht
alles glatt?"

Ja, es sollte. Aber es stellt sich eine unerwartete
Komplikation heraus. Es war vielleicht die größte
Überraschung für den Analytiker, daß die Gefühlsbeziehung, die der Kranke zu ihm annimmt, von
einer ganz eigentümlichen Natur ist. Schon der erste
Arzt, der eine Analyse versuchte, – es war nicht ich,
– ist auf dieses Phänomen gestoßen – und an ihm
irre geworden. Diese Gefühlsbeziehung ist nämlich –
um es klar herauszusagen – von der Natur einer Ver-
liebheit. Merkwürdig, nicht wahr? Wenn Sie überdies
in Betracht ziehen, daß der Analytiker nichts dazu
tut, sie zu provozieren, daß er im Gegenteil sich eher
menschlich vom Patienten fernhält, seine eigene Person mit einer gewissen Reserve umgibt. Und wenn
Sie ferner erfahren, daß diese sonderbare Liebesbe-
ziehung von allen anderen realen Begünstigungen
absieht, sich über alle Variationen der persönlichen
Anziehung, des Alters, Geschlechts und Standes hinaus-
setzt. Diese Liebe ist direkt z w a n g s l ä u f i g. Nicht,
daß dieser Charakter der spontanen Verliebtheit
sonst fremd bleiben müßte. Sie wissen, das Gegenteil
kommt oft genug vor, aber in der analytischen Situation stellt er sich ganz regelmäßig her, ohne doch
in ihr eine rationelle Erklärung zu finden. Man sollte
meinen, aus dem Verhältnis des Patienten zum Analytiker brauchte sich für den ersteren nicht mehr zu

ergeben als ein gewisses Maß von Respekt, Zutrauen Dankbarkeit und menschlicher Sympathie. Anstatt dessen diese Verliebtheit, die selbst den Eindruck einer krankhaften Erscheinung macht.

„Nun ich sollte meinen, das ist doch für Ihre analytischen Absichten günstig. Wenn man liebt, so ist man gefügig und tut dem anderen Teil alles mögliche zu Liebe."

Ja, zu Anfang ist es auch günstig, aber späterhin, wenn sich diese Verliebtheit vertieft hat, kommt ihre ganze Natur zum Vorschein, an der vieles mit der Aufgabe der Analyse unverträglich ist. Die Liebe des Patienten begnügt sich nicht damit zu gehorchen, sie wird anspruchsvoll, verlangt zärtliche und sinnliche Befriedigungen, fordert Ausschließlichkeit, entwickelt Eifersucht, zeigt immer deutlicher ihre Kehrseite, die Bereitschaft zu Feindseligkeit und Rachsucht, wenn sie ihre Absichten nicht erreichen kann. Gleichzeitig drängt sie, wie jede Verliebtheit, alle anderen seelischen Inhalte zurück, sie löscht das Interesse an der Kur und an der Genesung aus, kurz, wir können nicht daran zweifeln, sie hat sich an die Stelle der Neurose gesetzt und unsere Arbeit hat den Erfolg gehabt, eine Form des Krankseins durch eine andere zu vertreiben.

„Das klingt nun trostlos. Was macht man da? Man sollte die Analyse aufgeben, aber da, wie Sie sagen, ein solcher Erfolg in jedem Fall eintritt, so

könnte man ja überhaupt keine Analyse durchführen."

Wir wollen zuerst die Situation ausnützen, um
aus ihr zu lernen. Was wir so gewonnen haben, kann
uns dann helfen, sie zu beherrschen. Ist es nicht
höchst beachtenswert, daß es uns gelingt, eine Neurose mit beliebigem Inhalt in einen Zustand von
krankhafter Verliebtheit zu verwandeln?

Unsere Überzeugung, daß der Neurose ein Stück
abnorm verwendeten Liebeslebens zugrunde liegt,
muß doch durch diese Erfahrung unerschütterlich be-
festigt werden. Mit dieser Einsicht fassen wir wieder
festen Fuß, wir getrauen uns nun, diese Verliebtheit
selbst zum Objekt der Analyse zu nehmen. Wir
machen auch eine andere Beobachtung. Nicht in allen
Fällen äußert sich die analytische Verliebtheit so
klar und so grell, wie ich's zu schildern versuchte.
Warum aber geschieht das nicht? Man sieht es bald
ein. In dem Maß, als die vollsinnlichen und die
feindseligen Seiten seiner Verliebtheit sich zeigen
wollen, erwacht auch das Widerstreben des Patienten
gegen dieselben. Er kämpft mit ihnen, sucht sie zu
verdrängen, unter unseren Augen. Und nun verstehen wir den Vorgang. Der Patient wiederholt
in der Form der Verliebtheit in den Analytiker
seelische Erlebnisse, die er bereits früher einmal
durchgemacht hat, – er hat seelische Einstellungen,
die in ihm bereit lagen und mit der Entstehung

seiner Neurose innig verknüpft waren, auf den Analytiker übertragen. Er wiederholt auch seine damaligen Abwehraktionen vor unseren Augen, möchte am liebsten alle Schicksale jener vergessenen Lebensperiode in seinem Verhältnis zum Analytiker wiederholen. Was er uns zeigt, ist also der Kern seiner intimen Lebensgeschichte, er reproduziert ihn greifbar, wie gegenwärtig, anstatt ihn zu erinnern. Damit ist das Rätsel der Übertragungsliebe gelöst und die Analyse kann gerade mit Hilfe der neuen Situation, die für sie so bedrohlich schien, fortgesetzt werden.

„Das ist raffiniert. Und glaubt Ihnen der Kranke so leicht, daß er nicht verliebt, sondern nur gezwungen ist, ein altes Stück wieder aufzuführen."

Alles kommt jetzt darauf an und die volle Geschicklichkeit in der Handhabung der „Übertragung" gehört dazu, es zu erreichen. Sie sehen, daß die Anforderungen an die analytische Technik an dieser Stelle die höchste Steigerung erfahren. Hier kann man die schwersten Fehler begehen oder sich der größten Erfolge versichern. Der Versuch, sich den Schwierigkeiten zu entziehen, indem man die Übertragung unterdrückt oder vernachlässigt, wäre unsinnig; was immer man sonst getan hat, es verdiente nicht den Namen einer Analyse. Den Kranken wegzuschicken, sobald sich die Unannehmlichkeiten seiner Übertragungsneurose herstellen, ist nicht sinnreicher

und außerdem eine Feigheit; es wäre ungefähr so,
als ob man Geister beschworen hätte und dann davon-
gerannt wäre, sobald sie erscheinen. Zwar manchmal
kann man wirklich nicht anders; es gibt Fälle, in
denen man der entfesselten Übertragung nicht Herr
wird und die Analyse abbrechen muß, aber man soll
wenigstens mit den bösen Geistern nach Kräften gerungen haben. Den Anforderungen der Übertragung
nachgeben, die Wünsche des Patienten nach zärtlicher
und sinnlicher Befriedigung erfüllen, ist nicht nur be-
rechtigter Weise durch moralische Rücksichten versagt, sondern auch als technisches Mittel zur Er-
reichung der analytischen Absicht völlig unzureichend.
Der Neurotiker kann dadurch, daß man ihm die
unkorrigierte Wiederholung eines in ihm vorbereiteten
unbewußten Klischees ermöglicht hat, nicht geheilt
werden. Wenn man sich auf Kompromisse mit ihm
einläßt, indem man ihm partielle Befriedigungen zum
Austausch gegen seine weitere Mitarbeit an der
Analyse bietet, muß man Acht haben, daß man nicht
in die lächerliche Situation des Geistlichen gerät, der
den kranken Versicherungsagenten bekehren soll.
Der Kranke bleibt unbekehrt, aber der Geistliche zieht
versichert ab. Der einzig mögliche Ausweg aus der
Situation der Übertragung ist die Rückführung auf
die Vergangenheit des Kranken, wie er sie wirklich
erlebt oder durch die wunscherfüllende Tätigkeit
seiner Phantasie gestaltet hat. Und dies erfordert

beim Analytiker viel Geschick, Geduld, Ruhe und Selbstverleugnung.

„Und wo, meinen Sie, hat der Neurotiker das Vorbild seiner Übertragungsliebe erlebt?"

In seiner Kindheit, in der Regel in der Beziehung zu einem Elternteil. Sie erinnern sich, welche Wichtigkeit wir diesen frühesten Gefühlsbeziehungen zuschreiben mußten. Hier schließt sich also der Kreis.

„Sind Sie endlich fertig? Mir ist ein bißchen wirre vor der Fülle dessen, was ich von Ihnen gehört habe. Sagen Sie mir nur noch, wie und wo lernt man das, was man zur Ausübung der Analyse braucht?"

Es gibt derzeit zwei Institute, an denen Unterricht in der Psychoanalyse erteilt wird. Das erste in Berlin hat Dr. Max Eitingon der dortigen Vereinigung eingerichtet. Das zweite erhält die Wiener Psychoanalytische Vereinigung aus eigenen Mitteln unter beträchtlichen Opfern. Die Anteilnahme der Behörden erschöpft sich vorläufig in den mancherlei Schwierigkeiten, die sie dem jungen Unternehmen bereiten. Ein drittes Lehrinstitut soll eben jetzt in London von der dortigen Gesellschaft unter der Leitung von Dr. E. Jones eröffnet werden. An diesen Instituten werden die Kandidaten selbst in Analyse genommen, erhalten theoretischen Unterricht durch Vorlesungen in allen für sie wichtigen Gegenständen und genießen

6*

die Aufsicht älterer, erfahrener Analytiker, wenn sie
zu ihren ersten Versuchen an leichteren Fällen zu-
gelassen werden. Man rechnet für eine solche Ausbildung etwa zwei Jahre. Natürlich ist man auch nach
dieser Zeit nur ein Anfänger, noch kein Meister. Was
noch mangelt, muß durch Übung und durch den Gedankenaustausch in den psychoanalytischen Gesellschaften, in denen jüngere Mitglieder mit älteren
zusammentreffen, erworben werden. Die Vorbereitung
für die analytische Tätigkeit ist gar nicht so leicht
und einfach, die Arbeit ist schwer, die Verantwortlichkeit groß. Aber wer eine solche Unterweisung durchgemacht hat, selbst analysiert worden ist, von der
Psychologie des Unbewußten erfaßt hat, was sich
heute eben lehren läßt, in der Wissenschaft des
Sexuallebens Bescheid weiß, und die heikle Technik
der Psychoanalyse erlernt hat, die Deutungskunst,
die Bekämpfung der Widerstände und die Hand-
habung der Übertragung, d e r i s t k e i n L a i e m e h r
a u f d e m G e b i e t d e r P s y c h o a n a l y s e. Er ist
dazu befähigt, die Behandlung neurotischer Störungen
zu unternehmen, und wird mit der Zeit darin alles
leisten können, was man von dieser Therapie verlangen kann.

VI

„Sie haben einen großen Aufwand gemacht, um
mir zu zeigen, was die Psychoanalyse ist und was
für Kenntnisse man braucht, um sie mit Aussicht auf
Erfolg zu betreiben. Gut, es kann mir nichts schaden,
Sie angehört zu haben. Aber ich weiß nicht, welchen
Einfluß auf mein Urteil Sie von Ihren Ausführungen
erwarten. Ich sehe einen Fall vor mir, der nichts
Außergewöhnliches an sich hat. Die Neurosen sind
eine besondere Art von Erkrankung, die Analyse ist
eine besondere Methode zu ihrer Behandlung, eine
medizinische Spezialität. Es ist auch sonst die Regel,
daß ein Arzt, der ein Spezialfach der Medizin gewählt hat, sich nicht mit der durch das Diplom be-
stätigten Ausbildung begnügt. Besonders, wenn er
sich in einer größeren Stadt niederlassen will, die
allein Spezialisten ernähren kann. Wer Chirurg werden
will, sucht einige Jahre an einer chirurgischen Klinik
zu dienen, ebenso der Augenarzt, Laryngolog usw.,
gar der Psychiater, der vielleicht überhaupt niemals
von einer staatlichen Anstalt oder einem Sanatorium

frei kommen wird. So wird es auch mit dem Psycho-
analytiker werden; wer sich für diese neue ärztliche
Spezialität entscheidet, wird nach Vollendung seiner
Studien die zwei Jahre Ausbildung im Lehrinstitut
auf sich nehmen, von denen Sie sprachen, wenn es
wirklich eine so lange Zeit in Anspruch nehmen sollte.
Er wird dann auch merken, daß es sein Vorteil ist,
in einer psychoanalytischen Gesellschaft den Kontakt
mit den Kollegen zu pflegen, und alles wird in
schönster Ordnung vor sich gehen. Ich verstehe nicht,
wo da Platz für die Frage der Laienanalyse ist."

Der Arzt, der das tut, was Sie in seinem Namen
versprochen haben, wird uns allen willkommen sein.
Vier Fünftel der Personen, die ich als meine Schüler
anerkenne, sind ja ohnedies Ärzte. Gestatten Sie mir
aber, Ihnen vorzuhalten, wie sich die Beziehungen
der Ärzte zur Analyse wirklich gestaltet haben und
wie sie sich voraussichtlich weiter entwickeln werden.
Ein historisches Anrecht auf den Alleinbesitz der Analyse
haben die Ärzte nicht, vielmehr haben sie bis vor
kurzem alles aufgeboten, von der seichtesten Spötterei
bis zur schwerwiegendsten Verleumdung, um ihr zu
schaden. Sie werden mit Recht antworten, das gehört
der Vergangenheit an und braucht die Zukunft nicht
zu beeinflussen. Ich bin einverstanden, aber ich fürchte,
die Zukunft wird anders sein, als Sie sie vorhergesagt
haben.

Erlauben Sie, daß ich dem Wort „Kurpfuscher"

den Sinn gebe, auf den es Anspruch hat an Stelle der legalen Bedeutung. Für das Gesetz ist der ein Kurpfuscher, der Kranke behandelt, ohne sich durch den Besitz eines staatlichen Diploms als Arzt ausweisen zu können. Ich würde eine andere Definition bevorzugen: Kurpfuscher ist, wer eine Behandlung unternimmt, ohne die dazu erforderlichen Kenntnisse und Fähigkeiten zu besitzen. Auf dieser Definition fußend, wage ich die Behauptung, daß – nicht nur in den europäischen Ländern – die Ärzte zu den Kurpfuschern in der Analyse ein überwiegendes Kontingent stellen. Sie üben sehr häufig die analytische Behandlung aus, ohne sie gelernt zu haben und ohne sie zu verstehen.

Es ist vergeblich, daß Sie mir einwenden wollen, das sei gewissenlos, das möchten Sie den Ärzten nicht zutrauen. Ein Arzt wisse doch, daß ein ärztliches Diplom kein Kaperbrief ist und ein Kranker nicht vogelfrei. Dem Arzt dürfe man immer zubilligen, daß er im guten Glauben handle, auch wenn er sich dabei vielleicht im Irrtum befinde.

Die Tatsachen bestehen; wir wollen hoffen, daß sie sich so aufklären lassen, wie Sie es meinen. Ich will versuchen, Ihnen auseinanderzusetzen, wie es möglich wird, daß ein Arzt sich in den Dingen der Psychoanalyse so benimmt, wie er es auf jedem anderen Gebiet sorgfältig vermeiden würde.

Hier kommt in erster Linie in Betracht, daß der Arzt in der medizinischen Schule eine Ausbildung er-

fahren hat, die ungefähr das Gegenteil von dem ist,
was er als Vorbereitung zur Psychoanalyse brauchen
würde. Seine Aufmerksamkeit ist auf objektiv fest-
stellbare anatomische, physikalische, chemische Tat-
bestände hingelenkt worden, von deren richtiger Erfassung und geeigneter Beeinflussung der Erfolg des
ärztlichen Handelns abhängt. In seinen Gesichtskreis
wird das Problem des Lebens gerückt, soweit es sich
uns bisher aus dem Spiel der Kräfte erklärt hat, die
auch in der anorganischen Natur nachweisbar sind.
Für die seelischen Seiten der Lebensphänomene wird
das Interesse nicht geweckt, das Studium der höheren
geistigen Leistungen geht die Medizin nichts an, es
ist das Bereich einer anderen Fakultät. Die Psychiatrie
allein sollte sich mit den Störungen der seelischen
Funktionen beschäftigen, aber man weiß, in welcher
Weise und mit welchen Absichten sie es tut. Sie
sucht die körperlichen Bedingungen der Seelen-
störungen auf und behandelt sie wie andere Krank-
heitsanlässe.

Die Psychiatrie hat darin recht und die medizinische Ausbildung ist offenbar ausgezeichnet. Wenn
man von ihr aussagt, sie sei einseitig, so muß man
erst den Standpunkt ausfindig machen, von dem aus
diese Charakteristik zum Vorwurf wird. An sich ist
ja jede Wissenschaft einseitig, sie muß es sein, indem
sie sich auf bestimmte Inhalte, Gesichtspunkte, Methoden einschränkt. Es ist ein Widersinn, an dem ich

keinen Anteil haben möchte, daß man eine Wissenschaft gegen eine andere ausspielt. Die Physik entwertet doch nicht die Chemie, sie kann sie nicht ersetzen, aber auch von ihr nicht vertreten werden. Die Psychoanalyse ist gewiß ganz besonders einseitig, als die Wissenschaft vom seelisch Unbewußten. Das Recht auf Einseitigkeit soll also den medizinischen Wissenschaften nicht bestritten werden.

Der gesuchte Standpunkt findet sich erst, wenn man von der wissenschaftlichen Medizin auf die praktische Heilkunde ablenkt. Der kranke Mensch ist ein kompliziertes Wesen, er kann uns daran mahnen, daß auch die so schwer faßbaren seelischen Phänomene nicht aus dem Bild des Lebens gelöscht werden dürfen. Der Neurotiker gar ist eine unerwünschte Komplikation, eine Verlegenheit für die Heilkunde nicht minder als für die Rechtspflege und den Armeedienst. Aber er existiert und geht die Medizin besonders nahe an. Und für seine Würdigung wie für seine Behandlung leistet die medizinische Schulung nichts, aber auch gar nichts. Bei dem innigen Zusammenhang zwischen den Dingen, die wir als körperlich und als seelisch scheiden, darf man vorhersehen, daß der Tag kommen wird, an dem sich Wege der Erkenntnis und hoffentlich auch der Beeinflussung von der Biologie der Organe und von der Chemie zu dem Erscheinungsgebiet der Neurosen eröffnen werden. Dieser Tag scheint noch ferne, gegenwärtig sind uns diese Krank-

heitszustände von der medizinischen Seite her unzugänglich.

Es wäre zu ertragen, wenn die medizinische
Schulung den Ärzten bloß die Orientierung auf dem
Gebiete der Neurosen versagte. Sie tut mehr; sie gibt
ihnen eine falsche und schädliche Einstellung mit. Die
Ärzte, deren Interesse für die psychischen Faktoren
des Lebens nicht geweckt worden ist, sind nun allzu
bereit, dieselben gering zu schätzen und als unwissen-
schaftlich zu bespötteln. Deshalb können sie nichts
recht ernst nehmen, was mit ihnen zu tun hat, und
fühlen die Verpflichtungen nicht, die sich von ihnen
ableiten. Darum verfallen sie der laienhaften Respekt-
losigkeit vor der psychologischen Forschung und
machen sich ihre Aufgabe leicht. Man muß ja die
Neurotiker behandeln, weil sie Kranke sind und sich
an den Arzt wenden, muß auch immer Neues versuchen. Aber wozu sich die Mühe einer langwierigen
Vorbereitung auferlegen? Es wird auch so gehen;
wer weiß, was das wert ist, was in den analytischen
Instituten gelehrt wird. Je weniger sie vom Gegenstand verstehen, desto unternehmender werden sie.
Nur der wirklich Wissende wird bescheiden, denn er
weiß, wie unzulänglich dies Wissen ist.

Der Vergleich der analytischen Spezialität mit
anderen medizinischen Fächern, den Sie zu meiner
Beschwichtigung herangezogen haben, ist also nicht
anwendbar. Für Chirurgie, Augenheilkunde usw. bietet

die Schule selbst die Möglichkeit zur weiteren Ausbildung. Die analytischen Lehrinstitute sind gering an Zahl, jung an Jahren und ohne Autorität. Die medizinische Schule hat sie nicht anerkannt und kümmert sich nicht um sie. Der junge Arzt, der seinen Lehrern so vieles hat glauben müssen, daß ihm zur Erziehung seines Urteils wenig Anlaß geworden ist, wird gerne die Gelegenheit ergreifen, auf einem Gebiet, wo es noch keine anerkannte Autorität gibt, endlich auch einmal den Kritiker zu spielen.

Es gibt noch andere Verhältnisse, die sein Auftreten als analytischer Kurpfuscher begünstigen. Wenn er ohne ausreichende Vorbereitung Augenoperationen unternehmen wollte, so würde der Mißerfolg seiner Staarextraktionen und Iridektomien und das Wegbleiben der Patienten seinem Wagestück bald ein Ende bereiten. Die Ausübung der Analyse ist für ihn vergleichsweise ungefährlich. Das Publikum ist durch die durchschnittlich günstigen Ausgänge der Augenoperationen verwöhnt und erwartet sich Heilung vom Operateur. Wenn aber der „Nervenarzt" seine Kranken nicht herstellt, so verwundert sich niemand darüber. Man ist durch die Erfolge der Therapie bei den Nervösen nicht verwöhnt worden, der Nervenarzt hat sich wenigstens „viel mit ihnen abgegeben." Da läßt sich eben nicht viel machen, die Natur muß helfen oder die Zeit. Also beim Weib zuerst die Menstruation, dann die Heirat, später die Menopause.

Am Ende hilft wirklich der Tod. Auch ist das, was der
ärztliche Analytiker mit dem Nervösen vorgenommen
hat, so unauffällig, daß sich daran kein Vorwurf
klammern kann. Er hat ja keine Instrumente oder
Medikamente verwendet, nur mit ihm geredet, versucht, ihm etwas ein- oder auszureden. Das kann
doch nicht schaden, besonders wenn dabei vermieden
wurde, peinliche oder aufregende Dinge zu berühren.
Der ärztliche Analytiker, der sich von der strengen
Unterweisung frei gemacht hat, wird gewiß den Versuch
nicht unterlassen haben, die Analyse zu verbessern,
ihr die Giftzähne auszubrechen und sie den Kranken
angenehm zu machen. Und wie gut, wenn er bei
diesem Versuch stehen geblieben, denn wenn er wirklich
gewagt hat, Widerstände wachzurufen, und dann nicht
wußte, wie ihnen zu begegnen ist, ja, dann kann er
sich wirklich unbeliebt gemacht haben.

    Die Gerechtigkeit erfordert das Zugeständnis,
daß die Tätigkeit des ungeschulten Analytikers auch
für den Kranken harmloser ist als die des unge-
schickten Operateurs. Der mögliche Schaden be-
schränkt sich darauf, daß der Kranke zu einem nutz-
losen Aufwand veranlaßt wurde und seine Heilungs-
chancen eingebüßt oder verschlechtert hat. Ferner
daß der Ruf der analytischen Therapie herabgesetzt
wird. Das ist ja alles recht unerwünscht, aber es hält
doch keinen Vergleich mit den Gefahren aus, die vom
Messer des chirurgischen Kurpfuschers drohen.

Schwere, dauernde Verschlimmerungen des Krankheitszustandes sind nach meinem Urteil auch bei ungeschickter Anwendung der Analyse nicht zu befürchten. Die unerfreulichen Reaktionen klingen nach einer Weile wieder ab. Neben den Traumen des Lebens, welche die Krankheit hervorgerufen haben, kommt das bißchen Mißhandlung durch den Arzt nicht in Betracht. Nur daß eben der ungeeignete therapeutische Versuch nichts Gutes für den Kranken geleistet hat.

„Ich habe Ihre Schilderung des ärztlichen Kurpfuschers in der Analyse angehört, ohne Sie zu unterbrechen, nicht ohne den Eindruck zu empfangen, daß Sie von einer Feindseligkeit gegen die Ärzteschaft beherrscht werden, zu deren historischen Erklärung Sie mir selbst den Weg gezeigt haben. Aber ich gebe Ihnen eines zu: wenn schon Analysen gemacht werden sollen, so sollen sie von Leuten gemacht werden, die sich dafür gründlich ausgebildet haben. Und Sie glauben nicht, daß die Ärzte, die sich der Analyse zuwenden, mit der Zeit alles tun werden, um sich diese Ausbildung zu eigen zu machen?"

Ich fürchte, nicht. Solange das Verhältnis der Schule zum analytischen Lehrinstitut ungeändert bleibt, werden die Ärzte wohl die Versuchung, es sich zu erleichtern, zu groß finden.

„Aber einer direkten Äußerung über die Frage der Laienanalyse scheinen Sie konsequent auszu-

weichen. Ich soll jetzt erraten, daß Sie vorschlagen, weil
man die Ärzte, die analysieren wollen, nicht kon-
trollieren kann, soll man, gewissermaßen aus Rache,
zu ihrer Bestrafung, ihnen das Monopol der Analyse ab-
nehmen und diese ärztliche Tätigkeit auch den Laien
eröffnen.“

Ich weiß nicht, ob Sie meine Motive richtig erraten haben. Vielleicht kann ich Ihnen später ein
Zeugnis einer weniger parteiischen Stellungnahme
vorlegen. Aber ich lege den Akzent auf die Forderung, daß niemand die Analyse ausüben
soll, der nicht die Berechtigung dazu durch
eine bestimmte Ausbildung erworben hat.
Ob diese Person nun Arzt ist oder nicht, erscheint mir als nebensächlich.

„Was für bestimmte Vorschläge haben Sie also
zu machen?“

Ich bin noch nicht soweit, weiß auch nicht, ob ich
überhaupt dahin kommen werde. Ich möchte eine
andere Frage mit Ihnen erörtern, zur Einleitung aber
auch einen bestimmten Punkt berühren. Man sagt,
daß die zuständigen Behörden über Anregung der
Ärzteschaft Laien ganz allgemein die Ausübung der
Analyse untersagen wollen. Von diesem Verbot würden auch die nichtärztlichen Mitglieder der Psychoanalytischen Vereinigung betroffen, die eine ausge-
zeichnete Ausbildung genossen und sich durch Übung
sehr vervollkommnet haben. Wird das Verbot er-

lassen, so stellt sich der Zustand her, daß man eine
Reihe von Personen an der Ausübung einer Tätigkeit behindert, von denen man überzeugt sein kann,
daß sie sie sehr gut leisten können, während man
dieselbe Tätigkeit andern freigibt, bei denen von
einer ähnlichen Garantie nicht die Rede ist. Das ist
nicht gerade der Erfolg, den eine Gesetzgebung erreichen möchte. Indes ist dieses spezielle Problem
weder sehr wichtig, noch schwierig zu lösen. Es handelt sich dabei um eine Handvoll Personen, die nicht
schwer geschädigt werden können. Sie werden wahrscheinlich nach Deutschland auswandern, wo sie durch
keine Gesetzesvorschrift behindert, bald die Anerkennung ihrer Tüchtigkeit finden werden. Will man
ihnen dies ersparen und die Härte des Gesetzes für
sie mildern, so kann es mit Anlehnung an bekannte
Präzedenzfälle leicht geschehen. Es ist im monarchi-
schen Österreich wiederholt vorgekommen, daß man
notorischen Kurpfuschern die Erlaubnis zur ärztlichen
Tätigkeit auf bestimmten Gebieten ad personam ver-
liehen hat, weil man von ihrem wirklichen Können
überzeugt worden war. Diese Fälle betrafen zumeist
bäuerliche Heilkünstler, und die Befürwortung soll
regelmäßig durch eine der einst so zahlreichen Erz-
herzoginnen erfolgt sein, aber es müßte doch auch
für Städter und auf Grund anderer, bloß sachver-
ständiger Garantie geschehen können. Bedeutsamer
wäre die Wirkung eines solchen Verbots auf das

Wiener analytische Lehrinstitut, das von da an keine
Kandidaten aus nichtärztlichen Kreisen zur Ausbildung annehmen dürfte. Dadurch wäre wieder einmal
in unserem Vaterland eine Richtung geistiger Tätigkeit unterdrückt, die sich anderswo frei entfalten darf.
Ich bin der letzte, der eine Kompetenz in der Be-
urteilung von Gesetzen und Verordnungen in Anspruch nehmen will. Aber ich sehe doch soviel, daß
eine Betonung unseres Kurpfuschergesetzes nicht im
Sinne der Angleichung an deutsche Verhältnisse ist,
die heute offenbar angestrebt wird, und daß die Anwendung dieses Gesetzes auf den Fall der Psychoanalyse etwas Anachronistisches hat, denn zur Zeit
seiner Erlassung gab es noch keine Analyse und war
die besondere Natur der neurotischen Erkrankungen
noch nicht erkannt.

Ich komme zu der Frage, deren Diskussion mir
wichtiger erscheint. Ist die Ausübung der Psychoanalyse überhaupt ein Gegenstand, der behördlichem Eingreifen unterworfen werden soll, oder ist es zweckmäßiger, ihn der natürlichen Entwicklung zu überlassen? Ich werde gewiß hier keine Entscheidung
treffen, aber ich nehme mir die Freiheit, Ihnen dieses
Problem zur Überlegung vorzulegen. In unserem
Vaterlande herrscht von altersher ein wahrer *furor
prohibendi,* eine Neigung zum Bevormunden, Eingreifen
und Verbieten, die, wie wir alle wissen, nicht gerade gute
Früchte getragen hat. Es scheint, daß es im neuen,

republikanischen Österreich noch nicht viel anders
geworden ist. Ich vermute, daß Sie bei der Entscheidung über den Fall der Psychoanalyse, der uns jetzt beschäftigt, ein gewichtiges Wort mitzureden haben;
ich weiß nicht, ob Sie die Lust oder den Einfluß
haben werden, sich den bureaukratischen Neigungen
zu widersetzen. Meine unmaßgeblichen Gedanken
zu unserer Frage will ich Ihnen jedenfalls nicht ersparen. Ich meine, daß ein Überfluß an Verordnungen
und Verboten der Autorität des Gesetzes schadet.
Man kann beobachten: wo nur wenige Verbote bestehen, da werden sie sorgfältig eingehalten, wo man
auf Schritt und Tritt von Verboten begleitet wird, da
fühlt man förmlich die Versuchung, sich über sie hinwegzusetzen. Ferner, man ist noch kein Anarchist,
wenn man bereit ist einzusehen, daß Gesetze und
Verordnungen nach ihrer Herkunft nicht auf den
Charakter der Heiligkeit und Unverletzlichkeit Anspruch haben können, daß sie oft inhaltlich unzulänglich und für unser Rechtsgefühl verletzend sind oder
nach einiger Zeit so werden, und daß es bei der
Schwerfälligkeit der die Gesellschaft leitenden Personen oft kein anderes Mittel zur Korrektur solch
unzweckmäßiger Gesetze 'gibt, als sie herzhaft zu
übertreten. Auch ist es ratsam, wenn man den Respekt vor Gesetzen und Verordnungen erhalten
will, keine zu erlassen, deren Einhaltung und Über-
tretung schwer zu überwachen ist. Manches, was wir

über die Ausübung der Analyse durch Ärzte gesagt
haben, wäre hier für die eigentliche Laienanalyse, die das
Gesetz unterdrücken will, zu wiederholen. Der Her-
gang der Analyse ist ein recht unscheinbarer, sie
wendet weder Medikamente noch Instrumente an,
besteht nur in Gesprächen und Austausch von Mitteilungen; es wird nicht leicht sein, einer Laienperson
nachzuweisen, sie übe „Analyse" aus, wenn sie behauptet, sie gebe nur Zuspruch, teile Aufklärungen
aus und suche einen heilsamen menschlichen Einfluß
auf seelisch Hilfsbedürftige zu gewinnen; das könne
man ihr doch nicht verbieten, bloß darum, weil auch
der Arzt es manchmal tue. In den englisch sprechenden
Ländern haben die Praktiken der Christian
Science eine große Verbreitung; eine Art von
dialektischer Verleugnung der Übel im Leben durch
Berufung auf die Lehren der christlichen Religion.
Ich stehe nicht an zu behaupten, daß dies Verfahren eine bedauerliche Verirrung des menschlichen
Geistes darstellt, aber wer würde in Amerika oder
England daran denken, es zu verbieten und unter
Strafe zu setzen? Fühlt sich denn die hohe Obrigkeit
bei uns des rechten Weges zur Seligkeit so sicher,
daß sie es wagen darf zu verhindern, daß jeder versuche
„nach seiner Façon selig zu werden"? Und zugegeben,
daß viele sich selbst überlassen in Gefahren geraten und zu Schaden kommen, tut die Obrigkeit
nicht besser daran, die Gebiete, die als unbetretbar

gelten sollen, sorgfältig abzugrenzen und im übrigen, soweit es nur angeht, die Menschenkinder ihrer Erziehung durch Erfahrung und gegenseitige Beeinflussung zu überlassen? Die Psychoanalyse ist etwas so Neues in der Welt, die große Menge ist so wenig über sie orientiert, die Stellung der offiziellen Wissenschaft zu ihr noch so schwankend, daß es mir voreilig erscheint, jetzt schon mit gesetzlichen Vorschriften in die Entwicklung einzugreifen. Lassen wir die Kranken selbst die Entdeckung machen, daß es schädlich für sie ist, seelische Hilfe bei Personen zu suchen, die nicht gelernt haben, wie man sie leistet. Klären wir sie darüber auf und warnen sie davor, dann werden wir uns erspart haben, es ihnen zu verbieten. Auf italienischen Landstraßen zeigen die Leitungsträger die knappe und eindrucksvolle Aufschrift: *Chi tocca, muore.* Das reicht vollkommen hin, um das Benehmen der Passanten gegen herabhängende Drähte zu regeln. Die entsprechenden deutschen Warnungen sind von einer überflüssigen und beleidigenden Weitschweifigkeit: Das Berühren der Leitungsdrähte ist, weil lebensgefährlich, strengstens verboten. Wozu das Verbot? Wem sein Leben lieb ist, der erteilt es sich selbst, und wer sich auf diesem Wege umbringen will, der fragt nicht nach Erlaubnis.

„Es gibt aber Fälle, die man als Präjudiz für die Frage der Laienanalyse anführen kann. Ich meine das Verbot der Versetzung in Hypnose durch Laien

7*

und das kürzlich erlassene Verbot der Abhaltung
okkultistischer Sitzungen und Gründung solcher Gesellschaften."
    Ich kann nicht sagen, daß ich ein Bewun-
derer dieser Maßnahmen bin. Die letztere ist ein
ganz unzweifelhafter Übergriff der polizeilichen Be-
vormundung zum Schaden der intellektuellen Freiheit.
Ich bin außer dem Verdacht, den sogenannt okkul-
ten Phänomenen viel Glauben entgegenzubringen oder
gar Sehnsucht nach ihrer Anerkennung zu verspüren;
aber durch solche Verbote wird man das Interesse
der Menschen für diese angebliche Geheimwelt
nicht ersticken. Vielleicht hat man im Gegenteil etwas
sehr Schädliches getan, der unparteiischen Wißbegierde den Weg verschlossen, zu einem befreienden
Urteil über diese bedrückenden Möglichkeiten zu
kommen. Aber dies auch nur wieder für Österreich. In
anderen Ländern stößt auch die „parapsychische"
Forschung auf keine gesetzlichen Hindernisse. Der
Fall der Hypnose liegt etwas anders als der der
Analyse. Die Hypnose ist die Hervorrufung eines
abnormen Seelenzustandes und dient den Laien heute
nur als Mittel zur Schaustellung. Hätte sich die an-
fänglich so hoffnungsvolle hypnotische Therapie gehalten, so wären ähnliche Verhältnisse wie die der
Analyse entstanden. Übrigens erbringt die Geschichte
der Hypnose ein Präzedens zum Schicksal der Analyse nach anderer Richtung. Als ich ein junger Dozent

der Neuropathologie war, eiferten die Ärzte in der leidenschaftlichsten Weise gegen die Hypnose, erklärten sie für einen Schwindel, ein Blendwerk des Teufels und einen höchst gefährlichen Eingriff. Heute haben sie dieselbe Hypnose monopolisiert, bedienen sich ihrer ungescheut als Untersuchungsmethode und für manche Nervenärzte ist sie noch immer das Hauptmittel ihrer Therapie.

Ich habe Ihnen aber bereits gesagt, ich denke nicht daran, Vorschläge zu machen, die auf der Entscheidung beruhen, ob gesetzliche Regelung oder Gewährenlassen in Sachen der Analyse das Richtigere ist. Ich weiß, das ist eine prinzipielle Frage, auf deren Lösung die Neigungen der maßgebenden Personen wahrscheinlich mehr Einfluß nehmen werden als Argumente. Was mir für eine Politik des *laissez faire* zu sprechen scheint, habe ich bereits zusammengestellt. Wenn man sich anders entschließt, zu einer Politik des aktiven Eingreifens, dann allerdings scheint mir die eine lahme und ungerechte Maßregel des rücksichtslosen Verbots der Analyse durch Nichtärzte, keine genügende Leistung zu sein. Man muß sich dann um mehr bekümmern, die Bedingungen, unter denen die Ausübung der analytischen Praxis gestattet ist, für alle, die sie ausüben wollen, feststellen, irgend eine Autorität aufrichten, bei der man sich Auskunft holen kann, was Analyse ist und was für Vorbereitung man für sie fordern darf, und die Möglichkeiten der

Unterweisung in der Analyse fördern. Also entweder in Ruhe lassen oder Ordnung und Klarheit
schaffen, nicht aber in eine verwickelte Situation mit
einem vereinzelten Verbot dreinfahren, das mecha-
nisch aus einer inadäquat gewordenen Vorschrift abgeleitet wird.

VII

„Ja, aber die Ärzte, die Ärzte! Ich bringe Sie
nicht dazu, auf das eigentliche Thema unserer Unter-
redungen einzugehen. Sie weichen mir noch immer
aus. Es handelt sich doch darum, ob man nicht den
Ärzten das ausschließliche Vorrecht auf die Ausübung
der Analyse zugestehen muß, meinetwegen nachdem
sie gewisse Bedingungen erfüllt haben. Die Ärzte
sind ja gewiß nicht in ihrer Mehrheit die Kurpfuscher
in der Analyse, als die Sie sie geschildert haben. Sie
sagen selbst, daß die überwiegende Mehrzahl Ihrer
Schüler und Anhänger Ärzte sind. Man hat mir
verraten, daß diese keineswegs Ihren Standpunkt
in der Frage der Laienanalyse teilen. Ich darf natürlich annehmen, daß Ihre Schüler sich Ihren For-
derungen nach genügender Vorbereitung usw. an-
schließen, und doch finden diese Schüler es damit vereinbar, die Ausübung der Analyse den
Laien zu versperren. Ist das so, und wenn, wie erklären Sie es?"
Ich sehe, Sie sind gut informiert, es ist so. Zwar

nicht alle, aber ein guter Teil meiner ärztlichen Mit-
arbeiter hält in dieser Sache nicht zu mir, tritt für
das ausschließliche Anrecht der Ärzte auf die analytische Behandlung der Neurotiker ein. Sie ersehen
daraus, daß es auch in unserem Lager Meinungs-
verschiedenheiten geben darf. Meine Parteinahme ist
bekannt und der Gegensatz im Punkte der Laienanalyse hebt unser Einvernehmen nicht auf. Wie ich
Ihnen das Verhalten dieser meiner Schüler erklären
kann? Sicher weiß ich es nicht, ich denke, es wird
die Macht des Standesbewußtseins sein. Sie haben
eine andere Entwicklung gehabt als ich, fühlen sich
noch unbehaglich in der Isolierung von den Kollegen,
möchten gerne als vollberechtigt von der *profession*
aufgenommen werden und sind bereit, für diese
Toleranz ein Opfer zu bringen, an einer Stelle, deren
Lebenswichtigkeit ihnen nicht einleuchtet. Vielleicht
ist es anders; ihnen Motive der Konkurrenz unter-
zuschieben, hieße nicht nur sie einer niedrigen Ge-
sinnung zu beschuldigen, sondern auch, ihnen eine
sonderbare Kurzsichtigkeit zuzutrauen. Sie sind ja
immer bereit, andere Ärzte in die Analyse einzuführen, und ob sie die verfügbaren Patienten mit
Kollegen oder mit Laien zu teilen haben, kann für
ihre materielle Lage nur gleichgiltig sein. Wahrscheinlich kommt aber noch etwas anderes in Betracht. Diese meine Schüler mögen unter dem Einfluß gewisser Momente stehen, welche dem Arzt in

der analytischen Praxis den unzweifelhaften Vorzug
vor dem Laien sichern.

„Den Vorzug sichern? Da haben wir's. Also gestehen Sie diesen Vorzug endlich zu? Damit wäre ja
die Frage entschieden."

Das Zugeständnis wird mir nicht schwer. Es mag
Ihnen zeigen, daß ich nicht so leidenschaftlich ver-
blendet bin, wie Sie annehmen. Ich habe die Er-
wähnung dieser Verhältnisse aufgeschoben, weil ihre
Diskussion wiederum theoretische Erörterungen nötig
machen wird.

„Was meinen Sie jetzt?"

Da ist zuerst die Frage der Diagnose. Wenn
man einen Kranken, der an sogenannt nervösen
Störungen leidet, in analytische Behandlung nimmt,
will man vorher die Sicherheit haben, – soweit sie
eben erreichbar ist, – daß er sich für diese Therapie
eignet, daß man ihm also auf diesem Wege helfen
kann. Das ist aber nur der Fall, wenn er wirklich
eine Neurose hat.

„Ich sollte meinen, das erkennt man eben an
den Erscheinungen, an den Symptomen, über die er
klagt."

Hier ist eben die Stelle für eine neue Komplikation. Man erkennt es nicht immer mit voller Sicherheit. Der Kranke kann das äußere Bild einer Neurose zeigen, und doch kann es etwas anderes sein,
der Beginn einer unheilbaren Geisteskrankheit, die

Vorbereitung eines zerstörenden Gehirnprozesses. Die Unterscheidung – Differentialdiagnose – ist nicht immer leicht und nicht in jeder Phase sofort zu machen. Die Verantwortlichkeit für eine solche Entscheidung kann natürlich nur der Arzt übernehmen. Sie wird ihm, wie gesagt, nicht immer leicht gemacht. Der Krankheitsfall kann längere Zeit ein harmloses Gepräge tragen, bis sich endlich doch seine böse Natur herausstellt. Es ist ja auch eine regelmäßige Befürchtung der Nervösen, ob sie nicht geisteskrank werden können. Wenn der Arzt aber einen solchen Fall eine Zeitlang verkannt hat oder im unklaren über ihn geblieben ist, so macht es nicht viel aus, es ist kein Schaden angestellt worden und nichts Überflüssiges geschehen. Die analytische Behandlung dieses Kranken hätte ihm zwar auch keinen Schaden gebracht, aber sie wäre als überflüssiger Aufwand bloßgestellt. Überdies würden sich gewiß genug Leute finden, die den schlechten Ausgang der Analyse zur Last legen werden. Mit Unrecht freilich, aber solche Anlässe sollten vermieden werden.

„Das klingt aber trostlos. Es entwurzelt ja alles, was Sie mir über die Natur und Entstehung einer Neurose vorgetragen haben."

Durchaus nicht. Es bekräftigt nur von neuem, daß die Neurotiker ein Ärgernis und eine Verlegenheit sind, für alle Parteien, also auch für die Analytiker. Vielleicht löse ich aber Ihre Verwirrung wieder, wenn ich meine neuen Mitteilungen in korrekteren Ausdruck kleide. Es ist wahrscheinlich richtiger, von den Fällen, die uns jetzt beschäftigen, auszusagen, sie haben wirklich eine Neurose entwickelt, aber diese sei nicht psychogen, sondern somatogen, habe nicht seelische, sondern körperliche Ursachen. Können Sie mich verstehen?

„Verstehen, ja; aber ich kann es mit dem anderen, dem Psychologischen, nicht vereinigen."

Nun, das läßt sich doch machen, wenn man nur den Komplikationen der lebenden Substanz Rechnung tragen will. Worin fanden wir das Wesen einer Neurose? Darin, daß das Ich, die durch den Einfluß der Außenwelt emporgezüchtete höhere Organisation des seelischen Apparats, nicht imstande ist, seine Funktion der Vermittlung zwischen Es und Realität zu erfüllen, daß es sich in seiner Schwäche von Triebanteilen des Es zurückzieht und sich dafür die Folgen dieses Verzichts in Form von Einschränkungen, Symptomen und erfolglosen Reaktionsbildungen gefallen lassen muß.

Eine solche Schwäche des Ichs hat bei uns allen regelmäßig in der Kindheit statt, darum bekommen die Erlebnisse der frühesten Kinderjahre eine so große Bedeutung für das spätere Leben. Unter der außerordentlichen Belastung dieser Kinderzeit – wir haben in wenigen Jahren die ungeheure Entwicklungsdistanz vom steinzeitlichen Primitiven bis zum Teilhaber der heutigen Kultur durchzumachen und dabei insbesondere die Triebregungen der sexuellen Frühperiode abzuwehren – nimmt unser Ich seine Zuflucht zu Verdrängungen und setzt sich einer Kinderneurose aus, deren Niederschlag es als Disposition zur späteren nervösen Erkrankung in die Reife des Lebens mitbringt. Nun kommt alles darauf an, wie dies herangewachsene Wesen vom Schicksal behandelt werden wird. Wird das Leben zu hart, der Abstand zwischen den Triebforderungen und den Einsprüchen der Realität zu groß, so mag das Ich in seinen Bemühungen, beide zu versöhnen, scheitern, und dies umso eher, je mehr es durch die mitgebrachte infantile Disposition gehemmt ist. Es wiederholt sich dann der Vorgang der Verdrängung, die Triebe reißen sich von der Herrschaft des Ichs los, schaffen sich auf den Wegen der Regression ihre Ersatzbefriedigungen und das arme Ich ist hilflos neurotisch geworden.

Halten wir nur daran fest: der Knoten- und Drehpunkt der ganzen Situation ist die relative Stärke der Ichorganisation. Wir haben es dann leicht, unsere ätiologische Übersicht zu vervollständigen. Als die sozusagen normalen Ursachen der Nervosität kennen wir bereits die kindliche Ichschwäche, die Aufgabe der Bewältigung der Frühregungen der Sexualität und die Einwirkungen der eher zufälligen Kindheitserlebnisse. Ist es aber nicht möglich, daß auch andere Momente eine Rolle spielen, die aus der Zeit vor

dem Kinderleben stammen? Zum Beispiel eine angebore-
ne Stärke und Unbändigkeit des Trieblebens im Es, die
dem Ich von vorneherein zu große Aufgaben stellt?
Oder eine besondere Entwicklungsschwäche des Ichs
aus unbekannten Gründen? Selbstverständlich müssen
diese Momente zu einer ätiologischen Bedeutung
kommen, in manchen Fällen zu einer überragenden.
Mit der Triebstärke im Es haben wir jedesmal zu
rechnen; wo sie exzessiv entwickelt ist, steht es
schlecht um die Aussichten unserer Therapie. Von
den Ursachen einer Entwicklungshemmung des Ichs
wissen wir noch zu wenig. Dies wären also die Fälle
von Neurose mit wesentlich konstitutioneller Grund-
lage. Ohne irgend eine solche konstitutionelle, kon-
genitale Begünstigung kommt wohl kaum eine Neurose zustande.

Wenn aber die relative Schwäche des Ichs das
für die Entstehung der Neurose entscheidende Moment ist, so muß es auch möglich sein, daß eine
spätere körperliche Erkrankung eine Neurose erzeugt,
wenn sie nur eine Schwächung des Ichs herbeiführen
kann. Und das ist wiederum im reichen Ausmaß der
Fall. Eine solche körperliche Störung kann das Trieb-
leben im Es betreffen und die Triebstärke über die
Grenze hinaus steigern, welcher das Ich gewachsen
ist. Das Normalvorbild solcher Vorgänge wäre etwa
die Veränderung im Weib durch die Störungen der
Menstruation und der Menopause. Oder eine kör-

perliche Allgemeinerkrankung, ja eine organische
Erkrankung des nervösen Zentralorgans, greift die
Ernährungsbedingungen des seelischen Apparats an,
zwingt ihn, seine Funktion herabzusetzen und seine
feineren Leistungen, zu denen die Aufrechthaltung
der Ichorganisation gehört, einzustellen. In all diesen
Fällen entsteht ungefähr dasselbe Bild der Neurose;
die Neurose hat immer den gleichen psychologischen
Mechanismus, aber, wie wir erkennen, die mannig-
fachste, oft sehr zusammengesetzte Ätiologie.

„Jetzt gefallen Sie mir besser, Sie haben endlich
gesprochen wie ein Arzt. Nun erwarte ich das Zugeständnis, daß eine so komplizierte ärztliche Sache
wie eine Neurose nur von einem Arzt gehandhabt
werden kann."

Ich besorge, Sie schießen damit über das Ziel
hinaus. Was wir besprochen haben, war ein Stück
Pathologie, bei der Analyse handelt es sich um ein
therapeutisches Verfahren. Ich räume ein, nein, ich
fordere, daß der Arzt bei jedem Fall, der für die
Analyse in Betracht kommt, vorerst die Diagnose
stellen soll. Die übergroße Anzahl der Neurosen, die
uns in Anspruch nehmen, sind zum Glück psycho-
gener Natur und pathologisch unverdächtig. Hat der
Arzt das konstatiert, so kann er die Behandlung
ruhig dem Laienanalytiker überlassen. In unseren
analytischen Gesellschaften ist es immer so gehalten
worden. Dank dem innigen Kontakt zwischen ärztlichen

und nichtärztlichen Mitgliedern sind die zu befürchtenden Irrungen so gut wie völlig vermieden worden. Es gibt dann noch einen zweiten Fall, in dem der Analytiker den Arzt zur Hilfe rufen muß. Im Verlaufe der analytischen Behandlung können – am ehesten körperliche – Symptome erscheinen, bei denen man zweifelhaft wird, ob man sie in den Zusammenhang der Neurose aufnehmen oder auf eine davon unabhängige, als Störung auftretende organische Erkrankung beziehen soll. Diese Entscheidung muß wiederum dem Arzt überlassen werden.

„Also kann der Laienanalytiker auch während der Analyse den Arzt nicht entbehren. Ein neues Argument gegen seine Brauchbarkeit."

Nein, aus dieser Möglichkeit läßt sich kein Argument gegen den Laienanalytiker schmieden, denn der ärztliche Analytiker würde im gleichen Falle nicht anders handeln.

„Das verstehe ich nicht."

Es besteht nämlich die technische Vorschrift, daß der Analytiker, wenn solch zweideutige Symptome während der Behandlung auftauchen, sie nicht seinem eigenen Urteil unterwirft, sondern von einem der Analyse fernestehenden Arzt, etwa einem Internisten, begutachten läßt, auch wenn er selbst Arzt ist und seinen medizinischen Kenntnissen noch vertraut.

„Und warum ist etwas, was mir so überflüssig erscheint, vorgeschrieben?"

Es ist nicht überflüssig, hat sogar mehrere Begründungen. Erstens läßt sich die Vereinigung or-
ganischer und psychischer Behandlung in einer Hand
nicht gut durchführen, zweitens kann das Verhältnis
der Übertragung es dem Analytiker unratsam machen,
den Kranken körperlich zu untersuchen, und drittens
hat der Analytiker allen Grund, an seiner Unbefan-
genheit zu zweifeln, da sein Interesse so intensiv auf
die psychischen Momente eingestellt ist.

„Ihre Stellung zur Laienanalyse wird mir jetzt
klar. Sie beharren dabei, daß es Laienanalytiker
geben muß. Da Sie deren Unzulänglichkeit für ihre
Aufgabe aber nicht bestreiten können, tragen Sie
alles zusammen, was zur Entschuldigung und Erleichterung ihrer Existenz dienen kann. Ich sehe aber
überhaupt nicht ein, wozu es Laienanalytiker geben
soll, die doch nur Therapeuten zweiter Klasse sein
können. Ich will meinetwegen von den paar Laien
absehen, die bereits zu Analytikern ausgebildet sind,
aber neue sollten nicht geschaffen werden und die
Lehrinstitute müßten sich verpflichten, Laien nicht
mehr zur Ausbildung anzunehmen."

Ich bin mit Ihnen einverstanden, wenn sich zeigen
läßt, daß durch diese Einschränkung allen in Betracht
kommenden Interessen gedient ist. Gestehen Sie mir
zu, daß diese Interessen von dreierlei Art sind, das
der Kranken, das der Ärzte und – *last not least* –
das der Wissenschaft, das ja die Interessen aller zu-

künftigen Kranken miteinschließt. Wollen wir diese drei Punkte miteinander untersuchen?

Nun, für den Kranken ist es gleichgiltig, ob der Analytiker Arzt ist oder nicht, wenn nur die Gefahr einer Verkennung seines Zustandes durch die angeforderte ärztliche Begutachtung vor Beginn der Behandlung und bei gewissen Zwischenfällen während derselben ausgeschaltet wird. Für ihn ist es ungleich wichtiger, daß der Analytiker über die persönlichen Eigenschaften verfügt, die ihn vertrauenswürdig machen, und daß er jene Kenntnisse und Einsichten sowie jene Erfahrungen erworben hat, die ihn allein zur Erfüllung seiner Aufgabe befähigen. Man könnte meinen, daß es der Autorität des Analytikers schaden muß, wenn der Patient weiß, daß er kein Arzt ist und in manchen Situationen der Anlehnung an den Arzt nicht entbehren kann. Wir haben es selbstverständlich niemals unterlassen, die Patienten über die Qualifikation des Analytikers zu unterrichten, und konnten uns überzeugen, daß die Standesvorurteile bei ihnen keinen Anklang finden, daß sie bereit sind, die Heilung anzunehmen, von welcher Seite immer sie ihnen geboten wird, was übrigens der Ärztestand zu seiner lebhaften Kränkung längst erfahren hat. Auch sind ja die Laienanalytiker, die heute Analyse ausüben, keine beliebigen, hergelaufenen Individuen, sondern Personen von akademischer Bildung, Doktoren der Philosophie, Pädagogen und einzelne Frauen von großer Lebenserfahrung und überragender Persönlichkeit. Die Analyse, der sich alle Kandidaten eines analytischen Lehrinstituts unterziehen müssen, ist gleichzeitig der beste Weg, um über ihre persönliche Eignung zur Ausübung der anspruchsvollen Tätigkeit Aufschluß zu gewinnen.

Nun zum Interesse der Ärzte. Ich kann nicht glauben, daß es durch die Einverleibung der Psychoanalyse in die Medizin zu gewinnen hat. Das medizinische Studium dauert jetzt schon fünf Jahre, die Ablegung der letzten Prüfungen reicht weit in ein sechstes Jahr. Alle paar Jahre tauchen neue Ansprüche an den Studenten auf, ohne deren Erfüllung seine Ausrüstung für seine Zukunft als unzureichend erklärt werden müßte. Der Zugang zum ärztlichen Beruf ist ein sehr schwerer, seine Ausübung weder sehr befriedigend noch sehr vorteilhaft. Macht man sich die gewiß vollberechtigte Forderung zu eigen, daß der Arzt auch mit der seelischen Seite des Krankseins vertraut sein müsse, und dehnt darum die ärztliche Erziehung auf ein Stück Vorbereitung für die Analyse aus, so bedeutet das eine weitere Vergrößerung des Lehrstoffes und die entsprechende Verlängerung der Studentenjahre. Ich weiß nicht, ob die Ärzte von einer solchen Folgerung aus ihrem Anspruch auf die Psychoanalyse befriedigt sein werden. Sie läßt sich aber kaum abweisen. Und dies in einer Zeitperiode, da die Bedingungen der materiellen Existenz sich für die

Stände, aus denen sich die Ärzte rekrutieren, so sehr verschlechtert haben, da die junge Generation sich dazu gedrängt sieht, sich möglichst bald selbst zu erhalten. Sie wollen aber vielleicht das ärztliche Studium nicht mit der Vorbereitung für die analytische Praxis belasten und halten es für zweckmäßiger, daß die zukünftigen Analytiker sich erst nach Vollendung ihrer medizinischen Studien um die erforderliche Ausbildung bekümmern. Sie können sagen, daß der dadurch verursachte Zeitverlust praktisch nicht in Betracht kommt, weil ein junger Mann vor dreißig Jahren doch niemals das Zutrauen beim Patienten genießen wird, welches die Bedingung einer seelischen Hilfeleistung ist. Darauf wäre zwar zu antworten, daß auch der neugebackene Arzt für körperliche Leiden nicht auf allzu großen Respekt bei den Kranken zu rechnen hat, und daß der junge Analytiker seine Zeit sehr wohl damit ausfüllen könnte, an einer psychoanalytischen Poliklinik unter der Kontrolle erfahrener Praktiker zu arbeiten.

Wichtiger erscheint mir aber, daß Sie mit diesem Vorschlag eine Kraftvergeudung befürworten, die in diesen schweren Zeiten wirklich keine ökonomische Rechtfertigung finden kann. Die analytische Ausbildung überschneidet zwar den Kreis der ärztlichen Vorbereitung, schließt diesen aber nicht ein und wird nicht von ihm eingeschlossen. Wenn man, was heute noch phantastisch klingen mag, eine psychoanalytische

8*

Hochschule zu gründen hätte, so müßte an dieser
vieles gelehrt werden, was auch die medizinische
Fakultät lehrt: neben der Tiefenpsychologie, die immer
das Hauptstück bleiben würde, eine Einführung in
die Biologie, in möglichst großem Umfang die Kunde
vom Sexualleben, eine Bekanntheit mit den Krank-
heitsbildern der Psychiatrie. Anderseits würde der
analytische Unterricht auch Fächer umfassen, die dem
Arzt ferne liegen und mit denen er in seiner Tätigkeit nicht zusammenkommt: Kulturgeschichte, Mythologie, Religionspsychologie und Literaturwissenschaft.
Ohne eine gute Orientierung auf diesen Gebieten
steht der Analytiker einem großen Teil seines Materials verständnislos gegenüber. Dafür kann er die
Hauptmasse dessen, was die medizinische Schule lehrt,
für seine Zwecke nicht gebrauchen. Sowohl die Kenntnis der Fußwurzelknochen, als auch die der Konsti-
tution der Kohlenwasserstoffe, des Verlaufs der Hirn-
nervenfasern, alles, was die Medizin über bazilläre
Krankheitserreger und deren Bekämpfung, über
Serumreaktionen und Gewebsneubildungen an den
Tag gebracht hat: alles gewiß an sich höchst schätzens-
wert, ist für ihn doch völlig belanglos, geht ihn nichts
an, hilft ihm weder direkt dazu, eine Neurose
zu verstehen und zu heilen, noch trägt dieses Wissen
zur Schärfung jener intellektuellen Fähigkeiten bei,
an welche seine Tätigkeit die größten Anforderungen
stellt. Man wende nicht ein, der Fall liege so ähn-

lich, wenn sich der Arzt einer anderen medizinischen
Spezialität, zum Beispiel der Zahnheilkunde, zu-
wendet. Auch dann kann er manches nicht brauchen,
worüber er Prüfung ablegen mußte, und muß vieles
dazulernen, worauf ihn die Schule nicht vorbereitet
hatte. Die beiden Fälle sind doch nicht gleichzusetzen.
Auch für die Zahnheilkunde behalten die großen
Gesichtspunkte der Pathologie, die Lehren von der
Entzündung, Eiterung, Nekrose, von der Wechsel-
wirkung der Körperorgane ihre Bedeutung; den Analytiker führt seine Erfahrung aber in eine andere
Welt mit anderen Phänomenen und anderen Gesetzen. Wie immer sich die Philosophie über die
Kluft zwischen Leiblichem und Seelischem hinweg-
setzen mag, für unsere Erfahrung besteht sie zunächst
und gar für unsere praktischen Bemühungen.

Es ist ungerecht und unzweckmäßig, einen Menschen, der den andern von der Pein einer Phobie
oder einer Zwangsvorstellung befreien will, zum Umweg über das medizinische Studium zu zwingen. Es
wird auch keinen Erfolg haben, wenn es nicht gelingt, die Analyse überhaupt zu unterdrücken. Stellen
Sie sich eine Landschaft vor, in der zu einem gewissen
Aussichtspunkt zwei Wege führen, der eine kurz und
geradlinig, der andere lang, gewunden und um-
wegig. Den kurzen Weg versuchen Sie durch eine
Verbottafel zu sperren, vielleicht, weil er an einigen
Blumenbeeten vorbeiführt, die Sie geschont wissen

wollen. Sie haben nur dann Aussicht, daß Ihr Verbot
respektiert wird, wenn der kurze Weg steil und müh-
selig ist, während der längere sanft aufwärts führt.
Verhält es sich aber anders und ist im Gegenteil der
Umweg der beschwerlichere, so können Sie leicht den
Nutzen Ihres Verbots und das Schicksal Ihrer Blumen-
beete erraten. Ich besorge, Sie werden die Laien
ebensowenig zwingen können, Medizin zu studieren,
wie es mir gelingen wird, die Ärzte zu bewegen, daß
sie Analyse lernen. Sie kennen ja auch die menschliche Natur.

„Wenn Sie recht haben, daß die analytische Behandlung nicht ohne besondere Ausbildung auszuüben ist, daß aber das medizinische Studium die
Mehrbelastung durch eine Vorbereitung dafür nicht
verträgt, und daß die medizinischen Kenntnisse für den
Analytiker großenteils überflüssig sind, wohin kommen
wir dann mit der Erzielung der idealen ärztlichen
Persönlichkeit, die allen Aufgaben ihres Berufes
gewachsen sein soll?"

Ich kann nicht vorhersehen, welcher der Ausweg
aus diesen Schwierigkeiten sein wird, bin auch nicht
dazu berufen, ihn anzugeben. Ich sehe nur zweierlei,
erstens, daß die Analyse für Sie eine Verlegenheit
ist, sie sollte am besten nicht existieren, – gewiß, auch
der Neurotiker ist eine Verlegenheit, – und zweitens,
daß vorläufig allen Interessen Rechnung getragen
wird, wenn sich die Ärzte entschließen, eine Klasse

von Therapeuten zu tolerieren, die ihnen die mühselige Behandlung der so enorm häufigen psychogenen Neurosen abnimmt und zum Vorteil dieser Kranken in steter Fühlung mit ihnen bleibt.

„Ist das Ihr letztes Wort in dieser Angelegenheit, oder haben Sie noch etwas zu sagen?"

Gewiß, ich wollte ja noch ein drittes Interesse in Betracht ziehen, das der Wissenschaft. Was ich da zu sagen habe, wird Ihnen wenig nahe gehen, desto mehr bedeutet es mir.

Wir halten es nämlich gar nicht für wünschenswert, daß die Psychoanalyse von der Medizin verschluckt werde und dann ihre endgiltige Ablagerung im Lehrbuch der Psychiatrie finde, im Kapitel Therapie, neben Verfahren wie hypnotische Suggestion, Autosuggestion, Persuasion, die aus unserer Unwissenheit geschöpft, ihre kurzlebigen Wirkungen der Trägheit und Feigheit der Menschenmassen danken. Sie verdient ein besseres Schicksal und wird es hoffentlich haben. Als „Tiefenpsychologie", Lehre vom seelisch Unbewußten, kann sie all den Wissenschaften unentbehrlich werden, die sich mit der Entstehungsgeschichte der menschlichen Kultur und ihrer großen Institutionen, wie Kunst, Religion und Gesellschaftsordnung beschäftigen. Ich meine, sie hat diesen Wissenschaften schon bis jetzt ansehnliche Hilfe zur Lösung ihrer Probleme geleistet, aber dies sind nur kleine Beiträge im Vergleich zu dem, was sich er-

reichen ließe, wenn Kulturhistoriker, Religionspsycho-
logen, Sprachforscher usw. sich dazu verstehen werden, das ihnen zur Verfügung gestellte neue For-
schungsmittel selbst zu handhaben. Der Gebrauch der
Analyse zur Therapie der Neurosen ist nur eine
ihrer Anwendungen; vielleicht wird die Zukunft
zeigen, daß sie nicht die wichtigste ist. Jedenfalls
wäre es unbillig, der einen Anwendung alle anderen
zu opfern, bloß weil dies Anwendungsgebiet sich
mit dem Kreis ärztlicher Interessen berührt.

Denn hier entrollt sich ein weiter Zusammenhang,
in den man nicht ohne Schaden eingreifen kann.
Wenn die Vertreter der verschiedenen Geisteswissen-
schaften die Psychoanalyse erlernen sollen, um deren
Methoden und Gesichtspunkte auf ihr Material anzuwenden, so reicht es nicht aus, daß sie sich an die
Ergebnisse halten, die in der analytischen Literatur
niedergelegt sind. Sie werden die Analyse verstehen
lernen müssen auf dem einzigen Weg, der dazu offen
steht, indem sie sich selbst einer Analyse unterziehen.
Zu den Neurotikern, die der Analyse bedürfen,
käme so eine zweite Klasse von Personen hinzu, die
die Analyse aus intellektuellen Motiven annehmen,
die nebenbei erzielte Erhöhung ihrer Leistungsfähigkeit aber gewiß gerne begrüßen werden. Zur Durchführung dieser Analysen bedarf es einer Anzahl von
Analytikern, für die etwaige Kenntnisse in der
Medizin besonders geringe Bedeutung haben werden.

Aber diese – Lehranalytiker wollen wir sie heißen – müssen eine besonders sorgfältige Ausbildung erfahren haben. Will man ihnen diese nicht verkümmern, so muß man ihnen Gelegenheit geben, Erfahrungen an lehrreichen und beweisenden Fällen zu sammeln, und da gesunde Menschen, denen auch das Motiv der Wißbegierde abgeht, sich nicht einer Analyse unterziehen, können es wiederum nur Neurotiker sein, an denen – unter sorgsamer Kontrolle – die Lehranalytiker für ihre spätere, nichtärztliche Tätigkeit erzogen werden. Das Ganze erfordert aber ein gewisses Maß von Bewegungsfreiheit und verträgt keine kleinlichen Beschränkungen.

Vielleicht glauben Sie nicht an diese rein theoretischen Interessen der Psychoanalyse oder wollen ihnen keinen Einfluß auf die praktische Frage der Laienanalyse einräumen. Dann lassen Sie sich mahnen, daß es noch ein anderes Anwendungsgebiet der Psychoanalyse gibt, das dem Bereich des Kurpfuschergesetzes entzogen ist und auf das die Ärzte kaum Anspruch erheben werden. Ich meine ihre Verwendung in der Pädagogik. Wenn ein Kind anfängt, die Zeichen einer unerwünschten Entwicklung zu äußern, verstimmt, störrisch und unaufmerksam wird, so wird der Kinderarzt und selbst der Schularzt nichts für dasselbe tun können, selbst dann nicht, wenn das Kind deutliche nervöse Erscheinungen, wie Ängstlichkeiten, Eßunlust, Erbrechen, Schlafstörung produziert. Eine

Behandlung, die analytische Beeinflussung mit erzieherischen Maßnahmen vereinigt, von Personen
ausgeführt, die es nicht verschmähen, sich um die
Verhältnisse des kindlichen Milieus zu bekümmern,
und die es verstehen, sich den Zugang zum Seelenleben des Kindes zu bahnen, bringt in einem beides
zustande, die nervösen Symptome aufzuheben und
die beginnende Charakterveränderung rückgängig zu
machen. Unsere Einsicht in die Bedeutung der oft
unscheinbaren Kinderneurosen als Disposition für
schwere Erkrankungen des späteren Lebens weist
uns auf diese Kinderanalysen als einen ausgezeich-
neten Weg der Prophylaxis hin. Es gibt unleugbar
noch Feinde der Analyse; ich weiß nicht, welche
Mittel ihnen zu Gebote stehen, um auch der Tätigkeit dieser pädagogischen Analytiker oder analytischen Pädagogen in den Arm zu fallen, halte es
auch für nicht leicht möglich. Aber freilich, man soll
sich nie zu sicher fühlen.

Übrigens, um zu unserer Frage der analytischen
Behandlung erwachsener Nervöser zurückzukehren,
auch hier haben wir noch nicht alle Gesichtspunkte
erschöpft. Unsere Kultur übt einen fast unerträglichen Druck auf uns aus, sie verlangt nach einem
Korrektiv. Ist es zu phantastisch zu erwarten, daß
die Psychoanalyse trotz ihrer Schwierigkeiten zur
Leistung berufen sein könnte, die Menschen für ein
solches Korrektiv vorzubereiten? Vielleicht kommt

noch einmal ein Amerikaner auf den Einfall, es sich
ein Stück Geld kosten zu lassen, um die *social workers*
seines Landes analytisch zu schulen und eine Hilfs-
truppe zur Bekämpfung der kulturellen Neurosen aus
ihnen zu machen.

„Aha, eine neue Art von Heilsarmee."

Warum nicht, unsere Phantasie arbeitet ja immer
nach Mustern. Der Strom von Lernbegierigen, der
dann nach Europa fluten wird, wird an Wien vor-
beigehen müssen, denn hier mag die analytische
Entwicklung einem frühzeitigen Verbottrauma erlegen
sein. Sie lächeln? Ich sage das nicht, um Ihr Urteil
zu bestechen, gewiß nicht. Ich weiß ja, Sie schenken
mir keinen Glauben, kann Ihnen auch nicht dafür
einstehen, daß es so kommen wird. Aber eines weiß
ich. Es ist nicht gar so wichtig, welche Entscheidung
Sie in der Frage der Laienanalyse fällen. Es kann
eine lokale Wirkung haben. Aber das, worauf es
ankommt, die inneren Entwicklungsmöglichkeiten der
Psychoanalyse sind doch durch Verordnungen und
Verbote nicht zu treffen.

SIGM. FREUD
GESAMMELTE SCHRIFTEN
Elf Bände in Lexikonformat

Unter Mitwirkung des Verfassers herausgegeben
von Anna Freud und A. J. Storfer

I) Studien über Hysterie / Frühe Arbeiten zur Neurosenlehre 1892–1899

II) Die Traumdeutung

III) Ergänzungen und Zusatzkapitel zur Traumdeutung / Über den Traum / Beiträge zur Traumlehre / Beiträge zu den „Wiener Diskussionen"

IV) Zur Psychopathologie des Alltagslebens / Das Interesse an der Psychoanalyse / Über Psychoanalyse / Zur Geschichte der psychoanalytischen Bewegung

V) Drei Abhandlungen zur Sexualtheorie / Arbeiten zum Sexualleben und zur Neurosenlehre / Metapsychologie

VI) Zur Technik / Zur Einführung des Narzißmus / Jenseits des Lustprinzips / Massenpsychologie und Ich-Analyse / Das Ich und das Es / Anhang

VII) Vorlesungen zur Einführung in die Psychoanalyse

VIII) Krankengeschichten

IX) Der Witz und seine Beziehung zum Unbewußten / Der Wahn und die Träume in W. Jensens „Gradiva" / Eine Kindheitserinnerung des Leonardo da Vinci

X) Totem und Tabu / Arbeiten zur Anwendung der Psychoanalyse

XI) Schriften aus den Jahren 1923–1926 / Geleitworte zu fremden Werken / Gedenkartikel / Vermischte Schriften / Bibliographie 1877–1926 / Register zu Band I–XI

In engl. Ganzleinen M 220˙–, Halbleder (Schweinsleder) M 280˙–, Ganzleder (handgebunden in Saffian) M 680˙–

Verlangen Sie
ausführliche Prospekte

SIGM. FREUD

ZUR GESCHICHTE DER PSYCHOANALYTISCHEN BEWEGUNG

Geheftet M. 2·50, Pappbd. 3·—

Sigm. Freud gibt einen Rückblick auf sein Lebenswerk. Die Sonne seines Ruhmes steht im Zenith und mit erhobenem Selbstgefühl darf er als Motto vor die kleine Schrift den Wappenspruch der Stadt Paris setzen: Fluctuat nec mergitur. Wahrlich, Freud hat sich mit seiner Lehre über Wasser gehalten und lange Zeit schwamm er allein auf einem Meer von Unverständnis.

(Wissen und Leben, Zürich)

Außer den individuellen Bekenntnissen der Traumdeutung das einzige, was der Begründer der Psychoanalyse persönlich hat verlauten lassen, und als Geschichte des schweren Kampfes einer extremen Forschungsrichtung interessant.

(Deutsche Med. Wochenschrift)

Wer die Persönlichkeit Freuds nach dem Grundsatze „Le style c'est l'homme" unmittelbar auf sich einwirken lassen will, greife nach dieser kleinen Schrift. Abgesehen vom Inhalt — wer wüßte denn besser als Freud selbst, was die Psychoanalyse eigentlich ist — fesselt die Abhandlung durch die Form, die den Sprachmeister Freud in Pathos und Ironie auf der Höhe seiner Kunst zeigt. Die überlegene Polemik gegen Adler und Jung sollte von jedem dreimal gelesen werden. *(Neue Freie Presse)*

Internationaler Psychoanalytischer Verlag
Wien, VII., Andreasgasse 3

SIEGFRIED BERNFELD

SISYPHOS
ODER
DIE GRENZEN DER ERZIEHUNG

Geheftet M. 5·-, Ganzleinen M. 6·50

Seit langem im fragwürdigen Bereich der Pädagogik keine wichtigere Erscheinung, als diese Schrift. Übrigens auch keine bei allem bitteren Ernst witzigere und vergnüglichere.
(Gustav Wyneken im Berliner Tageblatt)

Ein geistreicher Beobachter der jungen Brut hat ein Buch herausgebracht, das er mit kühnem Mute „Sisyphos" nennt . . . Bernfeld sieht die Welt von einer Brücke, deren Köpfe auf Freud gestützt sind und auf Marx. Die bürgerliche Gesellschaft sieht er als einen Ozean der Lüge, auf dem die angeblichen Ziele der Erziehung treiben wie verfaulte Schiffstrümmer.
(Fritz Wittels im Tag)

Die glänzende Programmrede des Unterrichtsministers reicht an Anatole France heran und könnte in der Insel der Pinguine stehen.
(Die Mutter)

Geistreiche Sachlichkeit und anmutige Ironie.
(Ostseezeitung)

Bernfelds Buch ist natürlich, wesentlich und notwendig . . . Sezierarbeit am didaktischen Größenwahn.
(Paul Oestreich in Die neue Erziehung)

Selten sind die scheinbar so sicheren Grundlagen der Pädagogik so gründlich unterwühlt worden, wie in dem vorliegenden geistreichen Buche.
(Zeitschr. f. Sexualwissenschaft)

Überaus farbige und temperamentvolle Schrift. Durch den hinter der Oberschicht einer feinen ironischen Plauderei spürbaren sittlichen Ernst sympathisch.
(Prof. Storch im Zbl. f. d. ges. Neurol. u. Psychiatrie)

Internationaler Psychoanalytischer Verlag
Wien, VII., Andreasgasse 3

Pressestimmen über „Aichhorn: Verwahrloste Jugend"

Aichhorns Buch trägt die Bestimmung in sich, an aufklärender Erziehungsarbeit viel beizusteuern. Durch die Bildhaftigkeit seiner Ausdrucksweise, durch seine geschickte Verbrämung der praktischen Fürsorgeergebnisse mit den theoretischen Erklärungen hat er diesen zehn Vorträgen die Spannung von der ersten bis zur letzten Seite erhalten. Man hat wirklich das Gefühl, einen lebendigen Sprecher zu hören.

(Soziale Arbeit)

Wer sich für die Probleme der Verwahrlosung interessiert, wird an dem Buche von Aichhorn nicht vorübergehen können und die dort geschilderten Fälle eingehend studieren müssen.

(Preußische Lehrerzeitung)

Dieses Buch ist dazu angetan, alle, die in der Erziehungsarbeit stehen, hellhörig und besinnlich zu machen. *(Soziale Berufsarbeit)*

Von besonderem Interesse ist die Schilderung der Erziehungsmethoden, die der Verf. anwendet, und die zweifellos eine glückliche pädagogische Treffsicherheit in der Erfassung des im gegebenen Moment einer bestimmten Individualität gegenüber Angebrachten verraten.

(Zeitschrift f. Sexualwissenschaft)

Solche Bücher, solche Männer möchten wir in reichlicher Anzahl unseren Massen zuführen und ihnen sagen können: „Seht Ihr's? So geht's auch!"

(Népszava, Budapest)

Jeder, der jemals erzieherisch tätig war, wird Aichhorn für sein Werk dankbar sein; und wer hat nicht wenigstens einmal in seinem Leben vor der Aufgabe gestanden, erziehen zu müssen: und wäre es nur die eine lebenslängliche erzieherische Tat, — sich selbst zu erziehen.

(Pester Lloyd)

Wir begrüßen das Buch in doppelter Hinsicht: einerseits als Lehrbuch und andererseits als Führerbuch für diese wichtige Fürsorgefrage ... Dieses Buch ist auch ein persönliches Dokument und zeigt, wie ein Praktiker in unermüdlicher und selbstverleugnender Tätigkeit einer wissenschaftlichen Theorie, deren Erkenntnisgebiet außerhalb des Greifbaren liegt, Leben geben kann.

(Blätter f. d. Wohlfahrtswesen d. Gemeinde Wien)

www.ingramcontent.com/pod-product-compliance
Lightning Source LLC
Chambersburg PA
CBHW030335270326
41926CB00010B/1641